**Mrenh Gongveal: Chasing the Elves of the Khmer**
Published by Keith Kelly

Copyright ©2021 Keith Kelly



First edition 2017
Second edition 2021

Library of Congress Control Number: 2021914743

**Paperback ISBN 978-0-9961355-5-9**

Hardcover ISBN 978-0-9961355-6-6

Ebook ISBN 978-0-9961355-7-3

1. Khmer (Cambodian) Culture
2. Photo Essay — Cambodia — Kampuchea — Travel — Supernatural — Spirit House
3. Folklore — Folk-tales — Mythology — Elves
4. Art — Decorative — Home Decor

Author, Photography, Illustrations, Cover, and Book design by Keith Kelly
built using products from the Adobe Creative Cloud Suite

Editing and proofreading:
Nathalie Abejero (English)
Tan Chanthy (Khmer)

Khmer Translation:
Soeung Sothy
Buth Bonroath

Camera Equipment:
Canon 7D
Canon 20D

Fonts:
Adobe Garamond Pro
Helvetica Neue LT Std
Khmer OS Muol Light
Khmer OS

Stock Textures:
Lost and Taken
lostandtaken.com

Printed by IngramSpark
Distributed by Ingram

Enquiries about this book:
Keith.A.Kelly@gmail.com

PeregrinusCreative.com
behance.net/KeithKelly
flickr.com/keithkelly

*Dedicated to my wife Nathalie,*
*who is always patiently waiting and wondering what it is exactly that I'm pointing my lens at!*

*and to my children Tristan & Saoirse,*
*may they always look at the world with wonder and curiosity.*

**Special Thanks to:**

Nathalie Abejero for her unending support.

Sorn Chantha for help on many of my wild goose chases
and being my Khmer translator for much of my information.

Meas Bopha for showing me the spiritual side of the Mrenh Gongveal.

Suon Neang for helping connect the dots from some of my scattered bits of information.

For herding in bits of information, leads to sources,
frequent stops when I'm a passenger in their vehicles, soft proof-reading, and more…
Matthew Maltby, Conor Wall, Chorr Elit "Ta", Vantha Douk "Mom," Choun Sombat,
Rathana Paul, Soeu Devy, Brett Medlin, and Tan Chanthy.

The Monks of Kien Svay Krau, who patiently dug through a mess trying to find
the pieces of an old mural I caught wind of while doing research (they unfortunately never found it).

Johan Smits for invaluable advice and support.

And lastly to all of the people that have humored me
with conversations and laughs along the way.

## Introduction

Growing up around New Orleans, I have always had a fascination with superstition and the supernatural, hence my interest in the Mrenh Gongveal. Their ubiquitous presence in daily Khmer life was lost on me in the first few years here, until a friend one day pointed them out. I found the more visually unique houses interesting, so I started photographing them.

As is often the case when foreigners point a lens at something mundane to local life, Khmers would quietly gather around to examine what I found so fascinating. After much enquiry I still had little explanation for these shrines beyond the belief (handed down from the older generations) that the Mrenh Gongveal brought "luck". Intrigued, I researched the topic. Phnom Penh's Public Library contained a few older books, mostly in French, that made reference to its roots, but there was not much coverage. I tracked down stories via friends, their relatives, acquaintances, invited myself to Buddhist ceremonies in nearby villages or when traveling, and spoke with fortune-tellers who claim the ability to channel their energies and speak with the Mrenh Gongveal. The most useful clues came from interviewing the elderly, the monks, and the yea-che (Nun) at the pagodas.

Please note that the English spelling I use is arbitrary and was given to me during a discussion with a Khmer language teacher I've known for some time. Variants include M'ring Kung Veal, Mrieng Kongveal, Mereng Kung Veal, Merang Keng Veal, Mreń Ganval, Mrén Kongvial; such is the nature of transliteration.

## The supernatural component

Some younger people confuse the Mrenh Gongveal with something more sinister. One antiquated supernatural belief of the Khmer involves the practice of sacrificing a fetus in order to bind its spirit to the practitioner. This spirit, the Koun Kroh (Kone Croe), brings great strength to the possessor and protects them from harm. The creation of this spirit/creature is fully in the realm of Black Magic. Its equivalent in Thai practice is the Guman Thong. Other similar examples across Southeast Asia include the Philippine Tiyanak, and the Indonesian/Malaysian/Singaporean Toyol. Across all of these cultures these beings do the bidding of their master, for evil gains, and they bear malice toward humans.

Some others confused the Mrenh Gongveal with the Bráy, another Cambodian belief that is of a spirit that resides in the horns of rhinoceros or the hollow teeth of tigers. This belief in the bráy as a source of power, bestowing magical properties (living in) specific parts of these animals, such as a Tiger's teeth or a Rhinoceros' horn has unfortunately led to the decimation of their populations because they make valuable talismans.

Another story repeated several times in different provinces deals with Ghost. Many Cambodians associate spirits with nature (particularly old large trees), and some of these spirits are not particularly nice. If a Mrenh Gongveal sees one of these ghosts they'll use a magical bow to shoot them with an arrow that is in the form of lightning. This protects animals, and people, from coming into contact with the spirit and removes the chance of them becoming possessed

The Mrenh Gongveal fall into a class of beings believed to possess great benevolence, though a fondness for mischief, and an inclination towards material possessions such as toys and trinkets. They are not spirits, but what would be considered elves in western lore, as that take up physical space like humans do. They belong to a

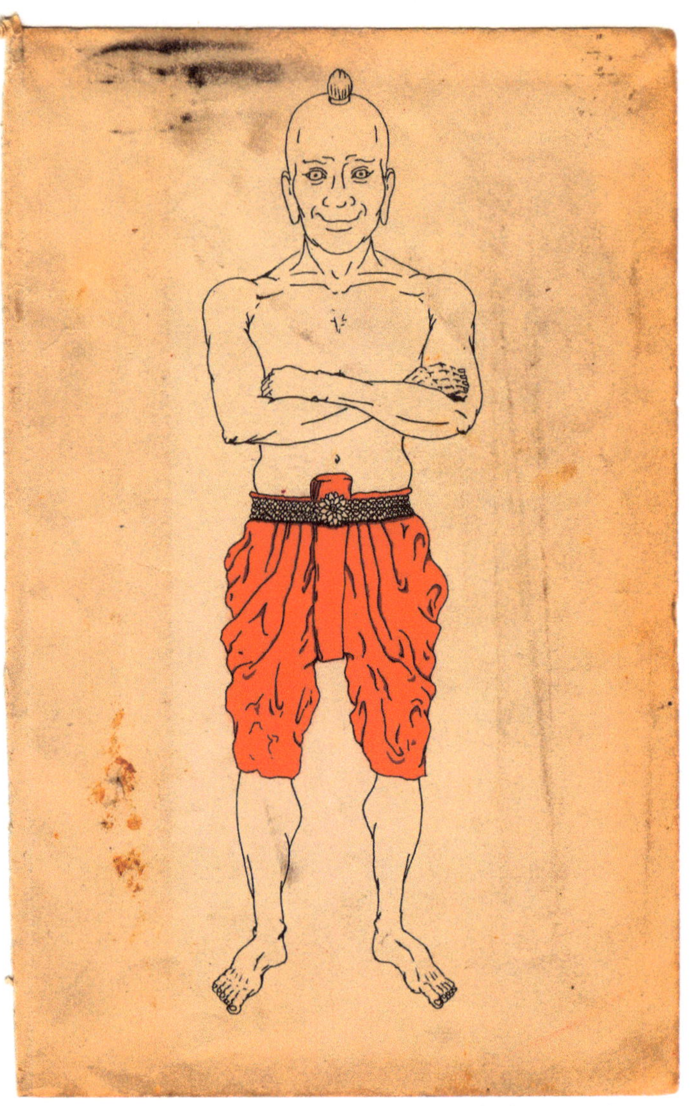

Mrenh Gongveal are said to stand at a height from as short as half a meter (1.64 feet) tall, up to around one meter (3.281 feet) tall.

dimensional plane that behaves differently than ours, such as the Irish Fey, and that is why they are hard to see. This shift in dimensional space is said to be the cause for children disappearing for long periods when they are playing with the Mrenh Gongveal – a short stretch of time on their plane is actually a long period for humans. This is also used to explain why the true dwelling of the elf appears nearby, when it is actually (on their plane) at quite a distance away.

## Exploring the Khmer belief

By anecdotal accounts the roots of Mrenh Gongveal appear to be uniquely Khmer.

Today Mrenh Gongveal are akin to supernatural guardians, associated with a person, place, or institution. Originally they were perceived to be nomadic beings in the jungle, where they were guardian herdsmen of wild animals, especially social animals that travel in herds, such as elephants. Hunters, farmers and mahouts (elephant trappers), would make baskets to leave offerings for Mrenh Gongveal, to bring luck in the hunt, to help them capture young elephants and buffalo, or to ward wild animals away their crops.

Originally the hunters, farmers, and mahouts held the Mrenh Gongveal in a highly venerated place in their beliefs, so these were the people able to summon them. Hunters would make offerings

# សេចក្ដីផ្ដើម

ខ្ញុំមកពីទីក្រុង ញ៉ូ អ័រលៀន (New Orleans) ហើយតែងតែចាប់អារម្មណ៍ជាខ្លាំងទៅលើបណ្ដាអប្បិយជំនឿ និង អតិធម្មជាតិ ដូច្នេះហើយទើបធ្វើឲ្យចងស្នេងយល់អំពីប្រេតញាតញាល ។ វត្តមាននៅគ្រប់ទិកន្លែងរបស់ប្រេតញាតញាលនៅក្នុងជីវិតរស់នៅប្រចាំថ្ងៃរបស់ខ្មែរ ធ្វើឲ្យ ខ្ញុំសៀងល់ក្នុងវ:ពេលប៉ុន្មានឆ្នាំដំបូងដែលខ្ញុំបានមករស់នៅទីនេះ:
រហូតដល់ថ្ងៃមួយដែលមិត្តម្នាក់របស់ខ្ញុំបាននិយាយប្រាប់ឲ្យខ្ញុំដឹងអំពីវា ។ ខ្ញុំចាប់អារម្មណ៍លើ ប្រេតញាតញាលដែលមើលទៅមានលក្ខណ:ពិសេសផ្សែងៗគ្នា ដូច្នេះខ្ញុំក៏បានចាប់ផ្ដើម ចង្រុបពួកវាទុក ។

ដូចសព្វមួយដងអញ្ចឹង គឺឲ្យតែកាលណាជនបរទេសត្រង់ម៉ាស៊ីនចតទៅចតអ្វីមួយ ដែលមានលក្ខណ:សាមញ្ញៗចំពោះជីវភាពខ្មែរអ្នកស្រុក ពួកគេតែងតែដើរមកចាមរោមដុំៗយ៉ាងស្ងៀមស្ងាត់ដោយចង់ដឹងថាគឺខ្ញុំកំពុងចាប់អារម្មណ៍ពីអ្វី ។ ខ្ញុំបានសួរគេ សួរងេងយ៉ាងច្រើន ប៉ុន្តែនៅតែមិនសួរយល់អំពីកន្លែងសក្ការបូជា និង អំពីអ្វីដែលបិតនៅពីក្រោយជំនឿ (បន្សល់ទុកវគ្គាមកពីជំនាន់មុនៗ) ដែលថា ប្រេតញាតញាលជាអ្នកនាំ #សំណាង#មកឲ្យ ។ ដោយចង់ដឹងចង់ឮ ខ្ញុំក៏បានធ្វើការស្រាវជ្រាវទៅលើប្រធានបទនេះ: ។
ក្នុងបណ្ណាល័យសាធារណ:នៅទីក្រុងភ្នំពេញ មានសៀវភៅចាស់ៗពីបរិក្សោស ដែលភាគច្រើនសរសេរជាភាសាបារាំង ហើយរៀបរាប់ទាក់ទងនឹងប្រពៃណីងវ:ប្រេតញាតញាល តែក៏មិនអធិប្បាយច្រើននោះដែរ ។ ខ្ញុំបានជជីករកពត៌មានអំពី រៀបវ:ប្រេតញាតញាលតាមរយ:មិត្តភក្ដិ , សាច់ញាតិរបស់មិត្តភក្ដិ និង អ្នកដែលមិត្តភក្ដិខ្ញុំ បានស្គាល់ ហើយថែមទាំងបានសួ្រចិត្តដោយពុំមានអ្នកណាអរញ្ជើញដើម្បីទៅចូលរួមក្នុងភូមិក្បេរៗទៀតផងង ក្រមទាំងបានទៅនិយាយ ជាមួយគ្រូទាយមួយចំនួនដែលអ:អាងៗ ខ្លួនមានសមត្ថភាពអាចប្រើហាមពលចរចា សម្ដីជាមួយប្រេតញាតញាលបាន ។ ចំពោះពត៌មានដែលសំខាន់បំផុតនេះ: គឺខ្ញុំទទួលបាន តាមរយ:ការសម្ភាសចាស់ៗ , ព្រះសង្ឃ និង យាយជីៗនៅតាមទីវត្តអារាមនានា ។

# ធាតុផ្សំនៃអតិធម្មជាតិ

មានក្មេងៗខ្លះយល់ច្រឡំប្រេតញាតញាល ជាមួយនឹង អ្វីមួយដែលមានលក្ខណ:ចម្រែងក្បាតខាងនោះ ។ ខ្មែរមានជំនឿបែបអតិធម្មជាតិម្យ៉ាងថា គេអាចប្បាល:បង់កូនដែលកំពុងនៅក្នុងថ្ងៃរោគ្មាយ ដើម្បីឲ្យប្រលឹងកូននោះបិតនៅជាមួយគ្រូ ។ ប្រលឹង របស់កូននោះ (គឺកូនក្រក) ជាអ្នកជួយផ្ដល់មហិទ្ធិឫទ្ធិដល់ម្ចាស់របស់វាឯង និង ជួចតាមថែរក្សាការពារដល់ម្ចាស់នោះកុំឲ្យមានគ្រោះថ្នាក់ណាមួយរៀបរៀងទៀតផងង ។ ការបង្កើតប្រលឹង ឬ កូនក្រកនេះឲ្យៗគឺជារឿងអំពីមន្តអាគមខាងស្រុក ។ នៅប្រទេសថៃ គេមានរឿងស្ររៀងគ្នានឹងកូនក្រកខ្មែរដែរ តែគេឲ្យឈ្មោះ:ថា ហ្គូម៉ាន ថង (Guman Thong) ។
ហើយក៏នៅមានរឿងវ:មន្តអាគមស្ររៀងៗគ្នានេះផ្សេងៗទៀតដែរនៅជុំវិញតំបន់អាស៊ីអាគ្នេយ៍ ឧទាហរណ៍ដូចជា ធីយ៉ាណាក (Tiyanak) នៅប្រទេសហ្វីលីពីន និង ធូយ៉ុល (Toyol) នៅប្រទេសឥណ្ឌនេស៊ី , ម៉ាឡេស៊ី និង សិង្ហបុរី ។ នៅក្នុង រ្បៀបធ៍ទាំងអស់នេះ គេសន្មតយើញញថា កូនក្រក ឬ ប្រលឹងទាំងឡាយនោះធ្វើតាម ការស្នើ ឬ ពាក្យបង្គាប់បញ្ជាពីម្ចាស់របស់វា ដើម្បីបុព្វហេតុកុសលាកសការ:ដែលខុសក្រមសីលធម៌ និង ផ្ដល់ទុក្ខទោសដល់មនុស្សលោក ។

មានអ្នកខ្លះៗទៀតយល់ច្រឡំប្រេតញាតញាលជាមួយប្រាយ ។ ប្រាយជាជំនឿមួយទៀតរបស់ខ្មែរដែលជឿថា វាជាប្រលឹងម្យ៉ាងបិតនៅក្នុងស្វេងសត្វមាស ឬ នៅក្នុងប្រហោងធ្មេញសត្វខ្លា ។ ជាអកុសល ដោយសារតែជំនឿដែលថាប្រាយជាប្រភពនៃហាមពល ផ្ដល់មហិទ្ធិឫទ្ធិផ្ទែកមន្តអាគមអម្មអាម ហើយមាននៅក្នុងសរីរ:ពិសេសរបស់សត្វទាំង នេះ ដូចជាធ្មេញខ្លា ឬ ស្វេងមាសដូច្នេះហើយ
ទើបបណ្ណាលឲ្យសត្វទាំងនោះ:ត្រូវគេសម្លាប់យ៉ាងផ្ដាលដើម្បីយកស្វេងឬធ្មេញមកធ្វើជាវត្ថុស័ក្ដិសិទ្ធិដ៏មានតម្លៃ ។

មានរឿងមួយទៀត ដែលយើងតែងពុគេនិយាយជាញឹកញាប់នៅក្នុងខេត្តជាច្រើននោះ: គឺរឿងខ្មោច ។ ប្រជាជនខ្មែរច្រើនយល់ថា ប្រលឹង ឬ វិញ្ញាណខ្មោចទាំងឡាយមានជាប់ទាក់ទងជាមួយធម្មជាតិ (ជាពិសេសជាមួយដើមឈើជំៗដែលមានអាយុកាលច្រើនផ្ទុ) ហើយប្រលឹង ឬ វិញ្ញាណខ្មោចខ្លះក្នុងចំណោមប្រលឹង ឬ វិញ្ញាណខ្មោចទាំងនោះ: មិនជាល្អប៉ុន្មានទេ ។ ឲ្យតែប្រេតញាតញាលឃើញខ្មោច វានឹងប្រើធ្មុនអាគមបាញ់ញ្ចូញ សម្ដៅទៅខ្មោចទាំងនោះ: ហើយឲ្យ្រញដែលបាញ់ទៅនោះ: ស្វេងៗបរាងឲ្យៗតជាផ្ញេក បន្ទោរ ។ ធ្វើអញ្ចឹងគឺដើម្បីការពារសត្វ និង មនុស្សទាំងឡាយកុំឲ្យជួបប្រលឹងខ្មោច និង ដើម្បីកុំឲ្យវិញ្ញាណខ្មោចមានឱកាសចូលមកសណ្ឋិតក្នុងសត្វ និង មនុស្សទាំងឡាយបាន ។

ផ្ទុយទៅវិញ ប្រេតញាតញាលគឺជាប្រភេទនៃសការ:ម្យ៉ាងដែលមានចិត្តល្អណាស់ ទោះបីក ចូលចិត្តលេងច្រើន ហើយច្រើនតែចង់បាននេះ:បាននោះ: ដូចជារបស់បរសម្រាប់លេង និង គ្រឿងតង្វាយឆ្ងាញ់ៗចតចាចផ្សេងៗក៏ដោយ ។ ប្រេតញាតញាលពុំមែនជាប្រលឹង ឬ វិញ្ញាណអ្វីនោះ:ទេ តែគឺជាប្រភេទជីវិតម្យ៉ាងដែលមានកន្លែងរស់នៅជុំចមនុស្សលោកយើងអញ្ចឹង ។ ពួកគេស្ថិតនៅក្នុងអ្វីដែលគេហៅចាថា រង្វាស់អត្ថិភាពម្មួយដែលខុសពីរង្វាស់អត្ថិកាពរបស់មនុស្សលោកយើង គឺវាដូចជាជំនឿអំពី ហ្វ (Fey) នៅប្រទេស អៀក្រុងអញ្ចឹងដែរ ប្រការនេះ:ហើយទើបយើងពិបាកមើលពុគេឃើញ ។ មានគេនិយាយមកថា ការផ្លាស់ប្ដូររង្វាស់អត្ថិភាពនេះ:គឺជាមូលហេតុដែលឃ្រេងៗត្រូវបាត់ខ្លួន អស់រយ:ពេលយ៉ាងឃ្យួរ នៅពេលពួកគេកំពុងតែប្រឡេងឡេលងជាមួយប្រេតញាតញាល ពីព្រោះ:គ្រើមតែម្មួយខណ:ខ្លីនៅកន្លែងរបស់ប្រេតញាតញាល គឺស្មើនឹងពេលវេលាជំដែ

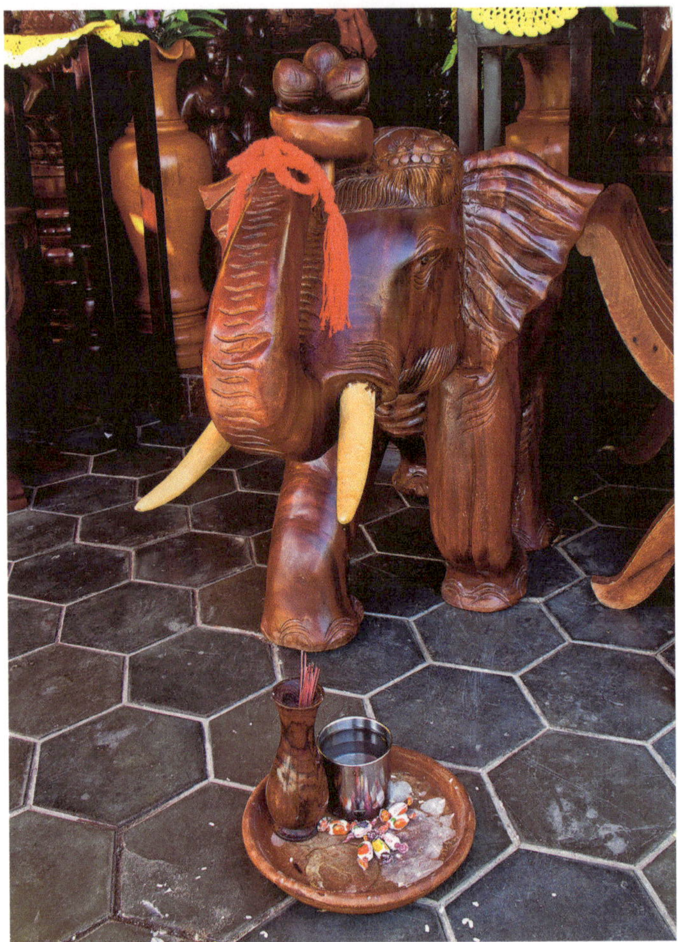



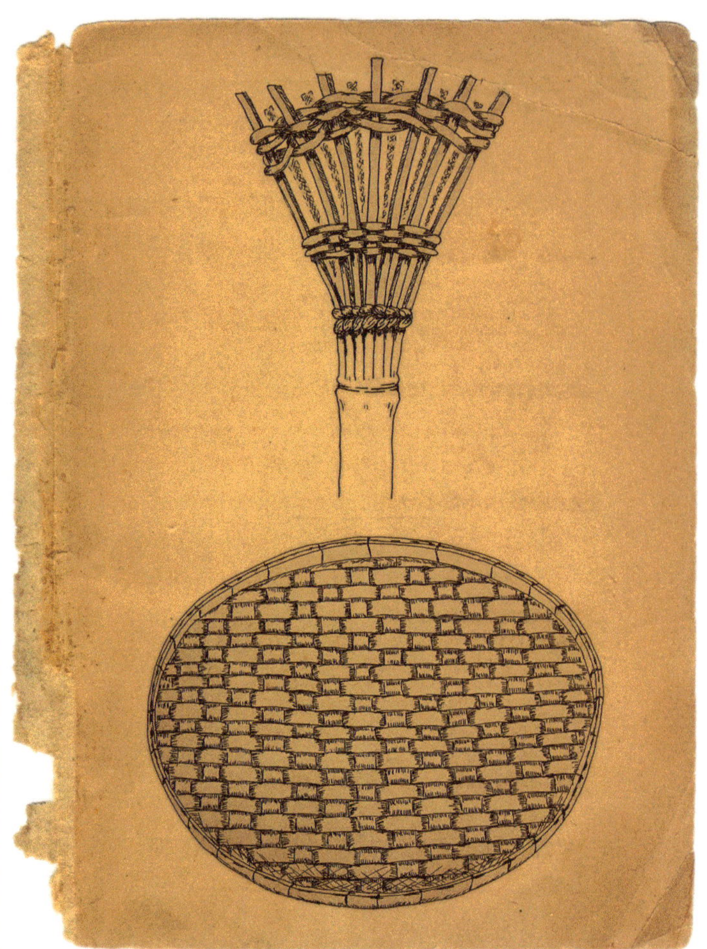



to them for assistance in directing a wild herd towards them, to be captured for sustenance or for domestication. For example, a captured elephant would undergo several days of detachment from its herd and its Mrenh Gongveal. For an elephant to be successfully trained it has to forget its former guardians, the Mrenh Gongveal, and accept its new human guardian. Offerings would have to be made to the Mrenh Gongveal so they will remain in the forest and not interfere with the training and domestication of the animals that were previously under their protection.

Farmers with vegetable fields will also occasionally make offerings to the Mrenh Gongveal. In contrast to hunters, their supplications are for the Mrenh Gongveal to steer wild animals away from their fields. This is especially the case with fields located at the fringes of the jungle where contact with wild herds is more likely. Offerings were also made so that domesticated cattle and buffalo are not herded away by the Mrenh Gongveal.

Some farmers believe when they round up their animals from the field that an animal should never be beaten upon the head as a Mrenh Gongveal may still be riding it, and if you may strike the Mrenh Gongveal you will bring its wrath upon yourself. Farmers must also be wary that buffalo, if left unattended for too long, may again become wild under the influence of the Mrenh Gongveal and become a danger to their handlers.

Hunters, trappers, and even soldiers typically make offerings of food, for example cooked rice, fruit, and vegetable dishes wrapped in packages (pey samnum) and tiny bamboo tubes containing water (dim pambanh). These offerings are given for safe passage through the jungle as well as luck in their hunt. A modern adaptation for these "packets" in the city is offerings of small, individually wrapped candies and toys (to appeal to their child-like nature). To this one adds red flags or miniature clothing made out of red paper or cloth. Red is said to be the preferred color of the Mrenh Gongveal, though other colors (i.e. blue, yellow, green, etc.) are also occasionally used. All of this is placed in a cram (conical basket) or in a pratis (woven basket). The pratis, which is used to hold offerings, is often suspended from the awning on the porch of the house or from trees in the yard. The Cram is usually mounted on the top of a bamboo pole.

## Evolving traditions

The Mrenh Gongveal's influence in villages (cities and towns) was formerly restricted, limiting them to the forested fringes of civilization where wild animals might intersect with domestic life, but that role has changed with the evolving traditions of Khmer society. As more of the rural population has moved to the urban areas, so the practice of engaging Mrenh Gongveal has followed them, this time to beseech their guardianship of their new homes.

Where they were in the past asked to bring herds of animals to people or to ward off the herds from destroying crops, they are now invited to bring fortune and to protect homes and businesses from theft and harm. People use houses (some small, some incredibly large) with a base that holds food and miniature objects/toys to symbolize material goods the household desires, and which may appeal to their guardian Mrenh Gongveal. Some examples of objects/toys are luxury cars, money, and airplanes (to represent travel). In

សម្រាប់មនុស្សលោកយើង ។ តើក៏ប្រើប្រាស់ទ្រឹស្តីខ្វាស់អត្តភាពនេះដើម្បីធ្វើការ
ពន្យល់ផងដែរអំពីមូលហេតុដែលថាទឹលនៅពិតប្រាកដរបស់ម្រេញគ្មាល ហាក់ដូច ជានៅជិតៗក្បែរៗ តែតាមការពិត គឺវា
(កន្លែងនៅរបស់ម្រេញគ្មាល) បិតនៅឆ្ងាយណាស់ពីមនុស្សយើង ។

## ការស្វែងយល់ពីជំនឿខ្មែរ

ផ្អែកតាមការតំណាលប្រាប់ពីបទពិសោធផ្ទាល់ខ្លួនរបស់បុគ្គលមួយចំនួន យើងឃើញថា ប្រភពដើមរបស់ម្រេញគ្មាល
ហាក់មានលក្ខណៈៈពាក់ព័ន្ធក្រឹមតែជាមួយជនជាតិខ្មែរតែប៉ុណ្ណោះ ។

សព្វថ្ងៃនេះ ម្រេញគ្មាលមានលក្ខណៈៈស្រដៀងគ្នាយ៉ាងច្រើនទៅនឹងសញ្ញាណនៅលោកខាងលិច របស់អ្នកការពារមានលក្ខណៈៈជាអធិធម្មជាតិ
ដែលនៅថែរក្សាបុគ្គល, ទឹកន្លែង ឬ ស្ថាប័នណាមួយ ។ ពីដើមគេគិតថា ម្រេញគ្មាលស់នៅបែបជីវិតឯកោ នៅក្នុងព្រៃស្បាត
ដែលជួយថែរក្សាការពារសេត្តព្រៃ ពិសេសគឺពួកសត្តដែលរស់នៅ ជាហ្វូង ជួចជាសត្តជីដាដើម ។ អ្នកប្រមាញ់សត្ត, កសិករ និង ទ្រមាក់
(អ្នកទាក់ជីវី) តែងធ្វើជាករង្រៀង ឬ កល្លើដាក់គ្រឿងគ្មាយផ្សេងៗទុច្បម្រេញគ្មាល ដើម្បីនាំ សំណាងក្នុងការដើរបរបាញ់ និង
ជួយច្បាប់បានកូនវី និង ក្របី ឬក៏ជួយជេញសត្តព្រៃកុំឲ្យបំផ្លាញដំណាំរបស់ខ្លួន ។

កាលពីដើម ពួកអ្នកប្រមាញ់សត្ត, ទ្រមាក់ និង កសិករមានជំនឿថាពួកគេត្រូវដាក់ម្រេញគ្មាលនៅក្នុងទឹសក្ការៈដែលខ្ពស់
ហើយពួកគេទាំងនោះសុទ្ធតែជាអ្នកដែលអាចហៅម្រេញគ្មាលមកបាន ។
ពួកអ្នកប្រមាញ់សត្តដាក់តម្គាយឲ្យម្រេញគ្មាលដើម្បីជួយនាំសត្តព្រៃមកឲ្យខ្លួនច្បាប់ទុច្បធ្វើជាចំណីអាហារ ឬ ចាប់ផ្សេងៗទុច្បធ្វើជាសត្ត
ចិញ្ចឹមលេង ឬក៏ ទុច្បជួយធ្វើកិច្ចការផ្សេងៗ ។ ឧទាហរណ៍ ជីវីដែលគេទាក់បាន ត្រូវការ
ពេលជាច្រើនថ្ងៃទម្រាំអាចផ្ទាច់ខ្លួនលែងអាឡោះអាល័យហ្វូងរបស់ក និង ម្រេញ តគ្មាលដែលឆ្លាប់តាមថែរក្សាក ។ គេអាចបង្ហឹកជីវីមួយបាន
ជរបណ្ណាវាភ្លេងធ្មុកថៃ រក្សាដើមរបស់ក ពោលគឺម្រេញគ្មាលជាមុនសិន ហើយហ្រាមទទួលយកកម្មុកថែរក្សាថ្មី ដែលជាមនុស្ស ។
ជួច្បេគេត្រូវរៀបតគ្មាយឲ្យម្រេញគ្មាលដើម្បីឲ្យម្រេញគ្មាលនៅ តែក្នុងព្រៃ ហើយមិនរីខានដល់ការបេ្ហីក និង
ការចាប់សត្តផ្សេងៗដែលពីមុនផ្ទាប់បិតនៅក្រោមការថែរក្សារបស់ម្រេញគ្មាល ដើម្បីឲ្យផ្សុកធ្វើជាសត្តចិញ្ចឹមលេង
ឬទុច្បជួយធ្វើកិច្ចការអ្នកស្រុក ។

ជួនកាល កសិករដែលមានចម្ការច្បារដំណាំក៏រៀបតគ្មាយឲ្យម្រេញគ្មាលដែរ ។ តែខុសពីពួកអ្នកប្រមាញ់សត្តក្រង់ថា
កសិករទាំងនោះរប់ស្រន់សុំឲ្យម្រេញគ្មាលជួយ បញ្ចៀសសត្តព្រៃចេញពីដីចម្ការរបស់ខ្លួន
ជាពិសេសប្រសិនបើដីចម្ការពួកគេស្ថិតនៅជាយៗព្រៃដែលទំនងជាអាចមានហ្វូងសត្តព្រៃលមកុក្កួន ។
ពួកគេក៏រៀបតគ្មាយឲ្យម្រេញគ្មាលផងដែរ ដើម្បីសុំកុំឲ្យម្រេញគ្មាលទ្បៀងកទៅវិញនូវគោក្របីស្រុកដែលគេបានផ្ញើងហើយ ។

តាមធម្មតា អ្នកប្រមាញ់សត្ត, ព្រានទាក់សត្ត និង ទាហានច្រើនតែរៀបតគ្មាយជាអាហារមានបាយ, ផ្លែឈើ, បាយសំណុំ និង ទឹកបំពង់ជាដើម
។ តគ្មាយទាំងនេះគឺតែរៀបដើម្បីសុំសេចក្តីសុខពេលត្រូវធ្វើដំណើរកាត់ព្រៃនិងសុំសំណាងក្នុងពេលបរបាញ់ៗ
លុះចូលដល់សម័យទំនើបឥទ្បូវនេះ នៅតាមទីក្រុង គេរៀបគ្រឿងតគ្មាយជាកញ្ចប់ស្ករ គ្រាប់ និង ប្រជាប់ប្រជាក្រុងលេងគូចៗ
(ដើម្បីបំពេញចិត្តម្រេញគ្មាលដែលមាន    លក្ខណៈៈធម្មជាតិដូចកូនក្រុង) ។ ហើយពេលរៀបតគ្មាយនោះ គេមានបន្ថែមទង់ពណ៌ក្រហម ឬ
ខៀអារត្តូចៗដែលធ្វើក្រដាស ឬ ក្រណាត់ពណ៌ក្រហម ។ ក្រហមជាពណ៌ ដែលម្រេញគ្មាលចូលចិត្តជាងគេ តែគេក៏ប្រើពណ៌ផ្សេងៗទៀត
(ដូចជាខៀវ, លឿង, បៃតង) ម៉ងម្លាលដែរ ។ គេដាក់របស់របរទាំងអស់នោះនៅក្នុងតគ្រៀងរងជាសាជីមួល ឬ ក្នុងកល្លើក្បាញ ។
គេតែងឲ្យកល្លើក្បាញដាក់តគ្មាយនោះនៅនឹងនៅងមាត់ទ្វារ ឬ មាត់បង្អូច ឬក៏ឡ្យរលើដើមឈើនៅទីឆ្ងាផ្លូវ ។ ឯកតគ្រៀងរងជាសាជីមួលវិញ
ជាទូទៅ គេផ្ទុកនៅ្បួងបង្គោលអ្វីមួយ ។

អ្នកខ្លះរៀបថា ពេលទៅឃ្មាលសត្តពាហានៈពីស្រេមកវិញ មិនគួរវ៉ៃក្សាលសត្តពាហានៈណាមួយឡើយ
ពីព្រោះអាចមានម្រេញគ្មាលណាម្នាក់នៅកំពុងៈលើសត្តពាហានៈនោះនៅឡើយ ហើយបើមនុស្សវ៉ៃក្រូវ កនឹងច្រឡោតខឹងតបវិញជាពុំខាន
។ កសិករ ទាំងឡ្បាយក៏ត្រូវតែយកចិត្តទុកដាក់ផងដែរថា បើហ៊ានតែទុក្កបរិណាមួយចាលយូរពេក
ក្របីនោះអាចនឹងទទួលឥទ្ធិពលពីវិញ្ញាណថែរក្សារបស់វាវិញ
ហើយក៏ប្ករនិស្ស័យរធម្មជាតិទៅជាកាចកំរោលជាមុនដាក់ម្នាស់របស់វាដែលជាមនុស្ស ។

## ការវិវត្តរបស់ប្រពៃណី

ដើមឡ្បើយ ឥទ្ធិពលរបស់ម្រេញគ្មាលតាមបណ្ណាភូមិ (ក្នុងទីក្រុង និង ជនបទ) នៅ មានដែនកម្រិត
ពេលគឺម្រេញគ្មាលមានតែនៅក្នុងអាប្រទមៃនៅតាមជាយៗព្រៃប៉ុណ្ណោះ ដែលនៅទៅនោះសត្តព្រៃអាចតកប្រសព្វជាមួយជីវិតអ្នកស្រុក
ប៉ុន្តែឥ្បូវនាទី របស់ម្រេញគ្មាលបានផ្លាស់ប្តូរហើយជាមួយនឹងការវិវត្តរបស់ប្រពៃណីសង្គមខ្មែរ ។ ដោយសារអ្នកស្រុកជនបទកាន់តែច្រើនឡើងៗ
បានផ្លាស់ទីមករស់នៅតំបន់ទីក្រុង ពួកគេបានពាំនាំមកជាមួយនូវការអនុវត្តជំនឿនោះ:
ដោយលើកនេះពួកគេបន់សុំឲ្យម្រេញគ្មាលជួយរក្សាការពារផ្ទះថ្មីរបស់ខ្លួនវិញម្តង ។

the cities houses have become more popular than erecting a Cram, though Crams are still used by some.

With urbanization also came the morphing of this relationship into a father (human)/son (Mrenh Gongveal) bond. The father provides for the son, and the son looks after his father and his father's house. If the relationship between the two is good, then the Mrenh Gongveal whispers to the person in their dreams, or telepathically, to tell them about things that will happen. This allows a person to steer herself/himself towards a goal/object or avoid calamity. Many believe the Mrenh Gongveal will alert their "father/mother" to trouble, such as thieves or fire.

Khmer soldiers would often carry a small package of offerings with them for the Mrenh Gongveal. These offerings are to keep the soldier safe. And as with the use for protections of homes in the city, their shrines are used for the protection of military camps as well. Khmer mystics can craft objects, guided by the hands of the Mrenh Gongveal, which are believed to protect the wearer from harm or conceal the wearer when in danger.

## At Play, Mischief, and Tales

In physical appearance the Mrenh Gongveal have a small stature; I've been told they stand as short as half a meter (1.64 feet) tall up to around one meter (3.281 feet) tall. Mrenh means "tiny" (the equivalent of dwarf). Gongveal means protector (an antiquated word not commonly used in modern Khmer language). These elven creatures are not necessarily young but they possess the qualities of youth, with child-like facial features and soft, high-pitched voices like that of a child, and the disposition of children. To complement their features, these mischief-makers are playful and easily distracted as is the nature of children. They generally do not make their presence known to people. They are thought to be boys of a wiry, physically fit build. They dress in red wrap trousers of the traditional Khmer style with no shirt. Other accessories worn or carried are also usually depicted as red. Their heads are clean-shaven, with exception of a "top knot" or 2 long ponytails at the back of their head. I have observed a few houses that display silk clothing in other bright colors other than red. Only on a couple of occasions have I found a house that has cut out figures in the shape of a girl, with a dress form instead of shirt and trousers.

Mrenh Gongveal are said to sometimes come to play with the village children who often are the human guardians of domestic

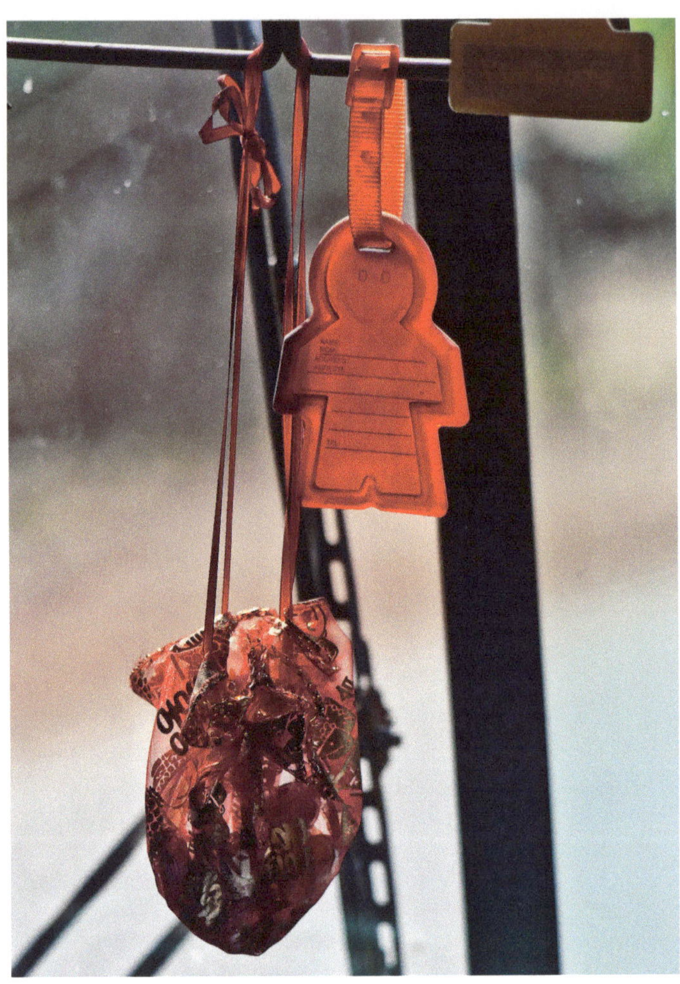



animals, such as buffalo. You could even say that they mirror each other across the supernatural plane. Khmer believe children are still considered part of the spiritual world because they have not passed the rites of adulthood. This can be especially true for children in remote villages, where their water buffalo are released to graze freely at water sources, usually on the edge of the forest. These domesticated animals are often released for an extended period of time and are believed to be watched over by the Mrenh Gongveal as much as by the children. Since children usually are the ones to keep an eye on roaming animals, and the fact that children are of a similar size and nature, increases the chance of children meeting the Mrenh Gongveal. The poem "The Elves Conceal My Buffalo and My Son" (The Iowa Review, Vol. 25, No. 3 - Fall, 1995), by U. Sam Oeur and Ken McCullough speaks of a child being made invisible while playing with his elven friends and even a water buffalo that temporarily becomes invisible while being ridden by a Mrenh Gongveal.

One game that Mrenh Gongveal like to play is Bos Angkunh. It is one of the most popular games in Cambodia, where the large flat round seed of the plant Angkunh (Entada Phaseoloides) is used to knock down other seeds which are lined up on the ground between two groups of players. It's often played during the period before the Khmer New Year. Other children's games include Kon Klee (marbles), Lu, and Gap' Van'. Lu is played by tossing a coin into a hole hardly larger than the coin itself. Gap' Van' is played by using

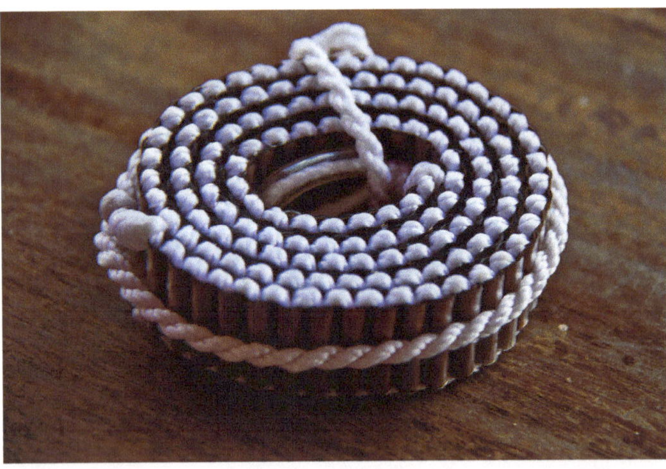

ពីដើម មនុស្សបន់ស្រន់ឱ្យម្រេញគង្គាលជួយនាំសត្វមកឱ្យ ឬ ជួយបញ្ជៀសសត្វកុំឱ្យ យាយីដល់ដំណាំ
លុះដល់តឱ្យគេឃ្លងសួងសុំឱ្យម្រេញគង្គាលជួយនាំសំណាង និង ជួយការពារផ្ទះសម្បែង និង ក្រុមហ៊ុនរកស៊ីរបស់ខ្លួនកុំឱ្យចោរចូលលួច និង
កុំឱ្យមាន គ្រោះរ៉ៀងរ៉ាងណាមួយទៅវិញ ។ តឱ្យគេប្រើផ្ទះ (ខ្លះត្តូច និង ខ្លះទៀតធំសំបឹមិនគួរឱ្យរ៉ៀប) ដោយមានជើងទម្រដាក់គង្គាយអាហារ
និង គ្រឿងកំប៉ុកកំប៉ុក ឬ ប្រដាប់ប្រដារក្នុងលេង ជាតំណាងរូបរបស់របរដែលឱ្យរបស់ផ្ទះខ្លួនឯងប្រាថ្នាចង់បាន និង ដែលអាច
បំពេញចិត្តទៅដល់ម្រេញគង្គាលដែលជាអ្នកថែរក្សាពួកគេ ។ បច្ចុប្បន្ន ការរៀបចំផ្ទះ
មានលក្ខណៈ:ពេញនិយមជាកក្រេងដែលមានរាងជាសាជីមូល ទោះបីអ្នកខ្លះនៅតែ បន្តប្រើកក្រេងរាងសាជីមូលនោះនៅឡ្បើយក៏ដោយ ។

ទន្លឹមនឹងការចូលមករស់នៅក្នុងទីក្រុងកាន់តែច្រើនទៅៗនោះ ទំនាក់ទំនងរវាងឧិពុក(មនុស្ស)ឆ្គូន(ម្រេញគង្គាល)
ក៏ប្រែទៅជាស្មិតស្មួចបន្ថិចម្ដងៗ ។ ឧិពុកជាអ្នកថ្នប់ថ្នងដល់កូន ហើយកូនជាអ្នកថែរក្សាឧិពុក និង ផ្ទះរបស់ឧិពុក ។ ក្នុងន័យនេះ ម្រេញ
គង្គាលនិយាយឱ្យបៗទៅមនុស្សមានរយៈការយល់សប្ដិ ឬ តាមផ្លូវវិញ្ញាណដើម្បីប្រាប់ មនុស្សឱ្យដឹងអំពីអ្វីដែលប្រុងនឹងកើតឡ្បើង ។
ប្រការនេះជួយឱ្យមនុស្សអាចតម្រង់គោលដៅឆ្ពោះទៅសម្រេចបំណង ឬ ចៀសផុតពីឧបទ្រពគ្រោះថ្នាក់ឡ្បើងៗ ។ មនុស្សជាច្រើនជៀ្បវជា
ម្រេញគង្គាលជួយប្រាប់ឱ្យ #ឧិពុក&ម្ដាយ#របស់ខ្លួនប្រយ័ត្នជាមុនចំពោះ បញ្ហាណាមួយ ជួចជា ចោរកម្ម ឬ អគ្គីភ័យជាដើម ។
ទាហានខ្មែរ ច្រើនតែយកទៅតាមខ្លួននូវកញ្ចប់គង្គាយតូចៗទុកសម្រាប់ថ្វាយឱ្យម្រេញ គង្គាល ។
គង្គាយទាំងនេះគឺដើម្បីថ្វាយបួងសួងសុំសេចក្ដីសុខសុវត្ថិភាព ។ នៅទីក្រុង គេរៀបអាសន:ម្រេញគង្គាលដើម្បីឱ្យជួយការពារផ្ទះ
ងទាហានវិញគេរៀបអាសន:ម្រេញគង្គាលជួចគ្នាដែលដើម្បីឱ្យជួយការពារបន្ទាយទ័ព ។ ខ្មែរ
ដែលមានជំន្បើលើអធិធម្មជាតិអាចធ្វើវត្តុឡ្បើងៗបានយ៉ាងជំនាញ ដោយមានការជួយជ្រោមជ្រែងពីម្រេញគង្គាល
ហើយគេរៀបាវត្តុទាំងឡ្បាយនោះជួយការពារថែរក្សាឱ្យផុតពីគ្រោះអាក្រក់ឡ្បើងៗ ដល់បុគ្គលណាដែលពាក់វាជាប់តាមខ្លួន ។

# ពេលកំពុងលេខ , ភាពរពិស និង ប្រវត្តិរ៉ៀង់រ៉ាវ

ចំពោះរូបរាងជាក់ស្ដែង ម្រេញគង្គាលមានមាឌតូចល្ម្មិត ។ គេប្រ៉ាប់ខ្ញុំថា វាឈរទៅមាន កំពស់ទាបត្រឹមកន្លះម៉ែត្រ (ស្មើនឹង១.៦៥ហ្វិត)
រហូតដល់ប្រហែលមួយម៉ែត្រ (ស្មើនឹង៣.២៨១ហ្វិត) ។ *ម្រេញ* មានន័យថា #តូចល្ម្មិត#(មានន័យស្មើនឹងពាក្យថា មនុស្សតៀ្យ ឬ ក្រិន) ។ *គង្គាល*
មានន័យថា អ្នកថែរក្សាការពារ (ជាពាក្យមួយហួសសម័យដែលគេលែងនិយមប្រើទៀ្យតហើយនៅក្នុងភាសាខ្មែរទំន្បើប) ។
ម្រេញគង្គាលមិនប្រាកដថាសុទ្ធតែក្នុងនោះទេ តែពួកគេមានលក្ខណៈ:ជាក្នុង មានមុខមាត់ជួចទារក្នុង និង មាន
សម្ឡេងខ្ពស់ហើយស្រទន់ជួចសម្ឡេងកូនក្ងឹង ។ ក្រៅពីកិនភាគជួចពោលមកនេ ម្រេញគង្គាលចូលចិត្តពិសឬលេងច្រើន
ហើយងាយនឹងត្រូវគេបន្លប់ ឬ បញ្ញោតចិត្ត ណាស់ ពេលគឺមានលក្ខណៈ:ជួចកូនក្ងឹង ។ តាមធម្មតា ម្រេញគង្គាលមិនបង្ហាញខ្លួន
ឱ្យមនុស្សឃ្បើញទេ ។ គេរៀបាថា ម្រេញគង្គាលជាក្នុងប្រុសដែលមានកាយសម្បទារឹងប៉ឹង និង មាំមូន ។
ពួកគេស្ល្បៀកខាងងក្បើនពណ៌ក្រហមតាមរ៉ៀបបូរ៉ាណ៌ខ្មែរ ហើយអត់ពាក់អាវទេ ។ គ្រឿងគុបតែងលម្អឡ្បើងៗដែលពាក់ ឬ កាន់តាមខ្លួន
ជាទូទៅ ក៏គេនិយាយថាមានពណ៌ក្រហមដែរ ។ ក្បាលរបស់ពួកគេការយ៉ាងស្អាត តែមានទុកកំប៉ោយ ឬ
សក់កន្ទុយអណ្ដើកវែងទម្លាក់ចុះខាងក្រោយក្បាល ។
ខ្ញុំបានសង្កេតឃ្បើញពីបីផ្ទះដែលបង្ហាញសំល្បៀកបំពាក់សួតពណ៌ឈើតឡ្បើងៗក្រៅពីក្រហមដែរ ។ មានតែ២ងប៉ុណ្ណោះ
ដែលខ្ញុំបានប្រទះឃ្បើញផ្ទះមានជាក់រូបក្នុងស្រីស្ល្បៀក៉រ៉បជំនសឱ្យខោ ។

ពេលខ្លះគេនិយាយថា ម្រេញគង្គាលដែលមានលក្ខណៈ:ធម្មជាតិជួចកូនក្នុងទាំងនោ បានមកប្រឡ្បៀងលេងជាមួយក្នុងៗក្នុងភូមិ
ដែលច្រើនតែជាអ្នកឃ្វាលសត្វពាហនៈ ក្នុង ស្រុក ជួចជាក្របីជាដើម ។ យើងអាចនិយាយបានថា
ពួកគេមើលគ្នាឃ្បើញទៅវិញទៅមកបានតាមរយៈ:អ្វីដែលយើងអាចហៅថាជា ផ្ដល់បំអនិធម្មជាតិ ។ ខ្មែរមានជំន្បើថា
កូនក្នុងនៅតែត្រូវបានគេចាត់ទុកថាជា ផ្នែកមួយនៃភាពព្រាលីងវិញ្ញាណនៅឡ្បើយ
ដោយសារកូនក្នុងរ៉ំទាន់បានឆ្លងចូលដល់ដំណាក់កាលមនុស្សពេញវ័យ ។ ពិសេស
ចំណុចនេះអាចជាការពិតចំពោះក្នុងៗដែលរស់នៅតាមភូមិជាចំស្រយាល ដែលនៅ ទីនោ:
គេលែងក្របីឱ្យស៊ីស្ម្បៅ ដោយសេរីនៅតាមប្រភាទទីនានា ជាទូទៅគឺនៅជាយ ព្រៃ ។ សត្វស្រុក ជារៀយៗ ត្រូវគេប្រឡៃលងចោលយ៉ាងឆ្ងយ
ហើយគេរៀបាថាទាំងក្នុងៗ ដែលជាកូនចៅអ្នកស្រុក ទាំងម្រេញគង្គាល សុទ្ធតែជាអ្នកនៅចាំមើលថែរក្សាសត្វពាហនៈ:ទាំងឡ្បាយនោះជួចគ្នា ។
ដោយសារជាទូទៅ ក្នុងជាអ្នកនៅឃ្វាំមើលសត្វ ដែលជើរហើរ ហើយក្នុងៗមានមាន និង លក្ខណៈ:ស្រៀងគ្នានឹងម្រេញគង្គាលផង
ទើបក្នុងៗច្រើនតែមានឱិកាសបានជួបនឹងម្រេញគង្គាល ។ មានកំណាព្យមួយសរសេរថា *!ម្រេញគង្គាលលាក់ក្របី និង កូនប្រុសខ្ញុំ !* (The Iowa
Review, Vol. 25, No. 3 - Fall, 1995) និពន្ធដោយ *អ៊ុយ សំអ៊ៀ* និង *ខេន ម៉ាក់យូ៉ឡ្យូ៉ហ* ដែលបានរៀបរាប់អំពីក្នុង ម្នាក់បាត់ខ្លួន
នៅពេលកំពុងលេងជាមួយម្រេញគង្គាលទាំងឡ្បាយដែលជាមិត្តភក្ដិរបស់ វា
ហើយសូម្បីតែក្របីទឹកមួយក្បាលក៏បានបាត់ខ្លួនបណ្ដោះអាសន្នដែរនៅពេលម្រេញ គង្គាលកំពុងជិះលើក ។

មានឃ្ល្បើងមួយប្រភេទដែលម្រេញគង្គាលចូលចិត្តលេង នោះគឺ **ពោះអង្ឃញ** ។ វាជាឃ្ល្បើងង៍មានប្រជាប្រិយបំផុតមួយ
ក្នុងចំណោមឃ្ល្បើងង៍មានប្រជាប្រិយបំផុតជាច្រើន នៅប្រទេសកម្ពុជា ដោយគេយកគ្រាប់អង្ឃញ (Entada Phaseoloides) លេងបោះផ្ទួល
ទៅលើគ្រាប់អង្ឃញម្ដាងឡ្បើត ដែលគេដាក់តម្រ៉ៀបគ្នាជាជួរនៅលើជ្ងិ របស់ក្រុមលេងទាំងសងខាង ។

a piece of brick, tulle, or even a shoe. Players try, by distance, to knock items out (money or other objects) of a small area marked on the ground.

The Mrenh Gongveal are said to entice children to visit their home in the forest. What originally looked like just big wild forest transforms into a dwelling of the Mrenh Gongveal. When at their house, the dwelling seems very remote and far from the village, but upon return usually it turns out to be very close to the village. This optical illusion may account for the reports of differences in lapsed time. This idea is used to explain why a child herdsman might be distracted, playing games with the Mrenh Gongveal, and forgetting their chores. Some kids are scared to meet the Mrenh Gongveal in the case that they'll get in trouble with their parents for being away too long. There are stories of children being away for days, whereas to them it is only a few hours.

In the wild, sometimes their soft voices carry through the trees as they herd wild beasts under their charge, but their apparent loca-tion is hard to determine. This can cause problems unintentionally. While hearing the voices, a person may become curious and follow the Mrenh Gongveal into the wild. This in turn may be perceived as a game of chase to the elves and they'll unwittingly trick their pur-suers into becoming lost. So while Mrenh Gongveal are generally not thought to be malicious, they have been known to unintention-ally lead people astray while having fun with them. This is the basis of the illustrated tale by the title "Nasty Girl" (Domrei Sor, 2007) by Pich Proeun.

## The images

The main interest I have, and the focus of this book, is a visual one. What I started looking for was how individuals made their Mrenh Gongveal houses unique, constructing the house themselves or add-ing personal touches. Consider the following an introduction to the world of the Mrenh Gongveal, a relatively obscure facet of Khmer culture (for barangs), despite its being very commonplace. 👕

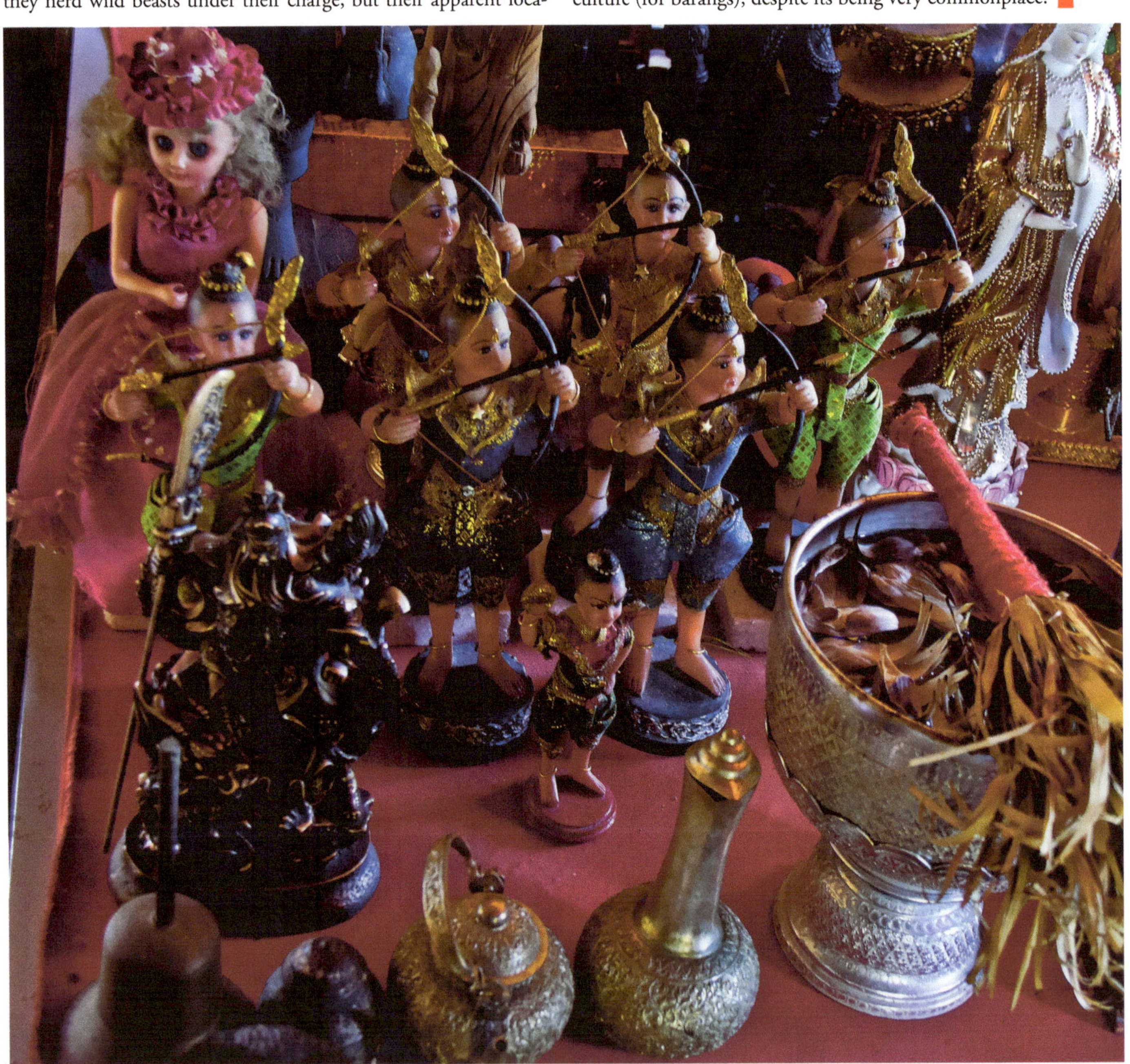

Bow wielding Mrenh Gongveal statuary.

ភាគច្រើនគេលេងនៅពេលជិតបុណ្យចូលឆ្នាំខ្មែរ ។ ល្បែងផ្សេងទៀត ដែលក្មេងនិយមលេងដែររួមមាន បាញ់ឃ្លី , បាញ់ធុយ និង លេងគប់វង់ ។ លេងបាញ់ធុយគឺ គេបាញ់មេធុយបញ្ចូលទៅក្នុងរន្ធមួយ ដែលធំជាងមេធុយនោះតែបន្តិចប៉ុណ្ណោះ។ ឯគប់វង់គឺ គេលេងដោយប្រើដុំឥដ្ឋ ឬ ដុំក្រណាត់នីឡុង ។ អ្នកចូលរួមលេង ព្យាយាមគប់អ្វីមួយ (ដូចជាលុយ ឬ របស់អ្វីមួយផ្សេង) ឲ្យខ្ទាតចេញផុតពីផ្ទៃរង្វង់តូចមួយដែលគេគូសវាសនៅលើដី ។

ម្រេញគង្វាលចូលចិត្តល្បួងលួងលោមឲ្យក្មេងៗទៅលេងផ្ទះរបស់ខ្លួននៅក្នុងព្រៃ ។ អ្វីដែលដំបូងឡើយមើលទៅហាក់ដូចត្រឹមតែជាព្រៃក្រាស់នោះ បានប្រែក្លាយទៅជា លំនៅដ្ឋានរបស់ម្រេញគង្វាល ។ នៅពេលទៅដល់ផ្ទះរបស់ពួកគេ លំនៅដ្ឋាននោះមើលទៅហាក់ដូចជាស្ថិតនៅដាច់ស្រយាល និង សែនឆ្ងាយពីភូមិរបស់អ្នកស្រុក តែជាទូទៅ លុះដល់ពេលត្រឡប់មកវិញ វាក៏ទៅជាស្ថិតនៅជិតបង្កើយជាមួយនឹងភូមិស្រុក ទៅវិញ ។ ការបំភ័ន្តភ្នែកបែបនេះអាចជាសេចក្តីពន្យល់ចំពោះពាក្យតំណាលអំពីភាពខុសគ្នានៃពេលវេលាដែលកន្លងផុតទៅ ។

គំនិតខាងលើនេះត្រូវគេលើកឡើងដើម្បីពន្យល់អំពី មូលហេតុដែលធ្វើឲ្យក្មេងឃ្វាលគោខ្លះអាចត្រូវល្បួងបន្លប់ ឬ បញ្ឆោតចិត្តឲ្យងាកទៅលេងជាមួយម្រេញគង្វាលវិញ ហើយក៏ភ្លេចការងារប្រចាំថ្ងៃរបស់ខ្លួនទៅ ។ ក្មេងខ្លះមិនហ៊ានទៅជួបម្រេញគង្វាលទេ ដោយសារខ្លាចថា ខ្លួននឹងត្រូវឪពុកម្តាយស្តីបន្ទោសថាដើរលេងយូរពេក ។ មានរឿង ខ្លះបានតំណាលអំពីក្មេងៗដែលទៅបាត់អស់រយៈពេលជាច្រើនថ្ងៃ ប៉ុន្តែសម្រាប់ពួក ក្មេងៗទាំងនោះវិញ គឺវាមានថេរៈវេលាត្រឹមតែប៉ុន្មានម៉ោងប៉ុណ្ណោះ ។

នៅក្នុងព្រៃ ជួនកាលទៅគេឮសូរសម្លេងដ៏ស្រទន់របស់ម្រេញគង្វាលបន្លឺឡើងនៅតាមចន្លោះព្រៃព្រឹក្សា ពេលពួកគេកំពុងឃ្វាលសត្វចតុប្បាទព្រៃ តែពិបាកនឹងកំណត់អំពីទីតាំងពិតប្រាកដរបស់ពួកគេណាស់ ។ ប្រការនេះអាចបង្កទៅជាបញ្ហាដោយអចេតនា ពីព្រោះកាលណាឮសូរសម្លេងបែបនោះ មនុស្សអាចនឹងឆ្ងល់ ឬ ចង់ដឹងចង់ឮ ហើយដើរតាមម្រេញគង្វាលចូលទៅក្នុងព្រៃជ្រៅ ។ ផ្ទុយមកវិញ គេអាចនឹងយល់ថា នោះគឺជាល្បែងលេងដេញតាមម្រេញគង្វាលក៏ថាបាន ហើយម្រេញគង្វាលក៏ប្រើល្បិចដោយអចេតនាដើម្បីធ្វើឲ្យអ្នកដែលដើរតាមខ្លួននោះត្រូវវង្វេងវិលវល់នៅក្នុងព្រៃ ។ ដូច្នេះ ជាទូទៅ គេមិនគិតថាម្រេញគង្វាលបង្កទុក្ខទោសដល់មនុស្សទេ ។ គេបានដឹងមកថា ម្រេញគង្វាលគ្រាន់តែដោយអចេនាធ្វើឲ្យមនុស្សវង្វេងផ្លូវ នៅពេលដែលខ្លួនកំពុង លេងសើចជាមួយនឹងមនុស្សលោកតែប៉ុណ្ណោះឯង ។ នេះជាមូលដ្ឋាននៃសៀវភៅរឿង លម្អដោយរូបភាពមួយក្បាល ដែលមានចំណងជើងថា *!នារីឆ្លាស់!* (ជំរីស ឆ្នាំ២០០៧) និពន្ធដោយ *ពេជ្រ ព្រឿន* ។!

## រូបភាព

អ្វីដែលខ្ញុំចាប់អារម្មណ៍ខ្លាំងបំផុត និង ជាចំណុចផ្តោតរបស់សៀវភៅនោះគឺវាមានលម្អ ទៅដោយរូបភាព ។ អ្វីដែលខ្ញុំបានចាប់ផ្តើមរកមើលនោះគឺមើលពីរបៀបដែលបុគ្គល ម្នាក់ៗធ្វើឲ្យផ្ទះម្រេញគង្វាលដោយឡែកៗពីគ្នា ដោយពួកគេសង់ផ្ទះដោយដៃខ្លួនឯងផ្ទាល់សម្រាប់ម្រេញគង្វាល ឬមានបន្ថែមក្បូរក្បាច់រចនាទៅតាមនិស្ស័យចូលចិត្តរៀងៗ ខ្លួនទៀតផង ។ សូមលោកអ្នកចាត់ទុកថា ខាងក្រោមនេះគឺជាសេចក្តីណែនាំដំបូងឲ្យ ស្គាល់អំពីពិភពម្រេញគង្វាល ដែលជាលក្ខណៈមួយពិបាកយល់របស់វប្បធម៌ខ្មែរ (សម្រាប់ពួកបារាំង ឬ ជនបរទេស) ទោះបីជាគេសង្កេតឃើញម្រេញគង្វាលមាននៅសព្វទីកន្លែងក៏ដោយ ។

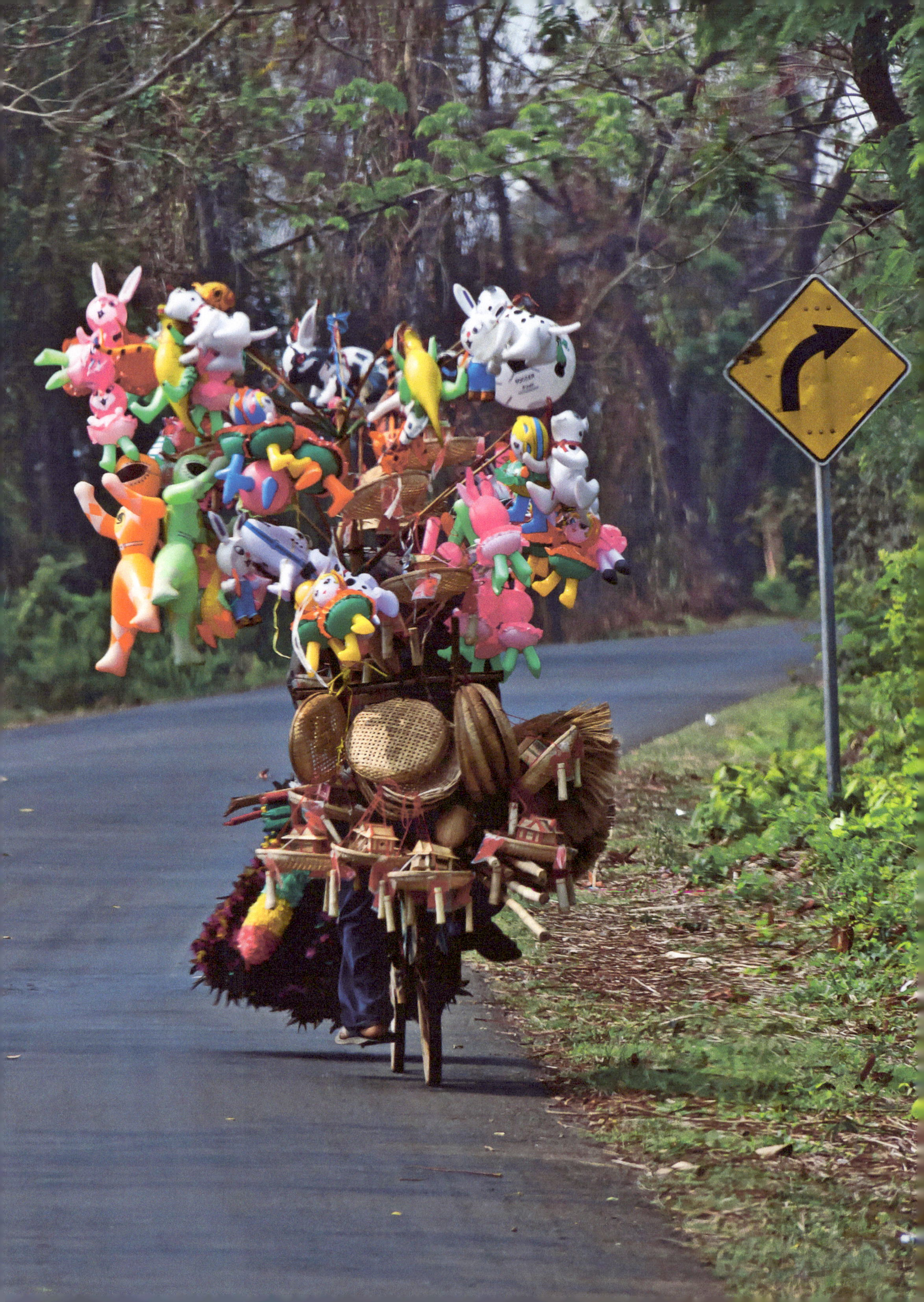

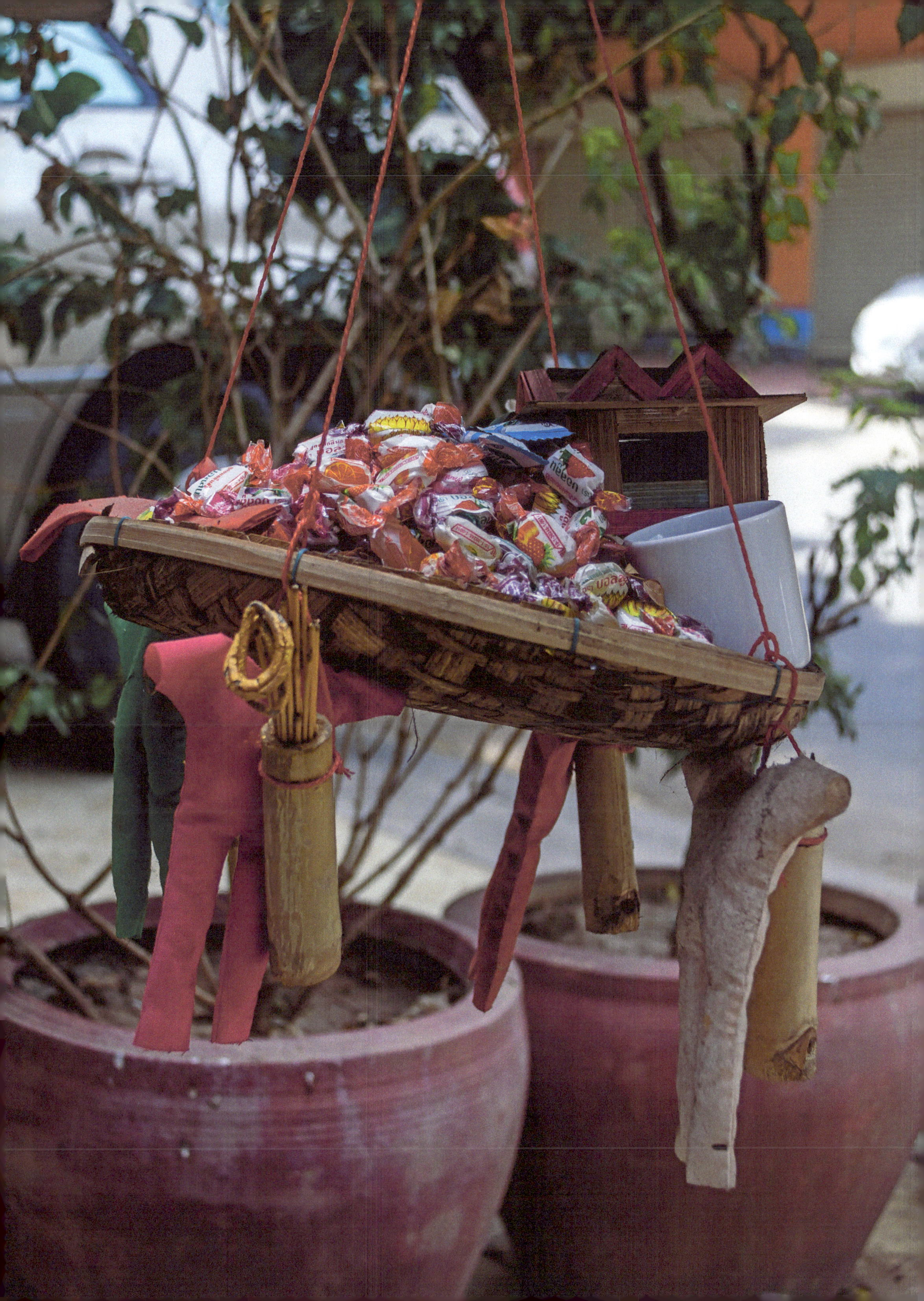

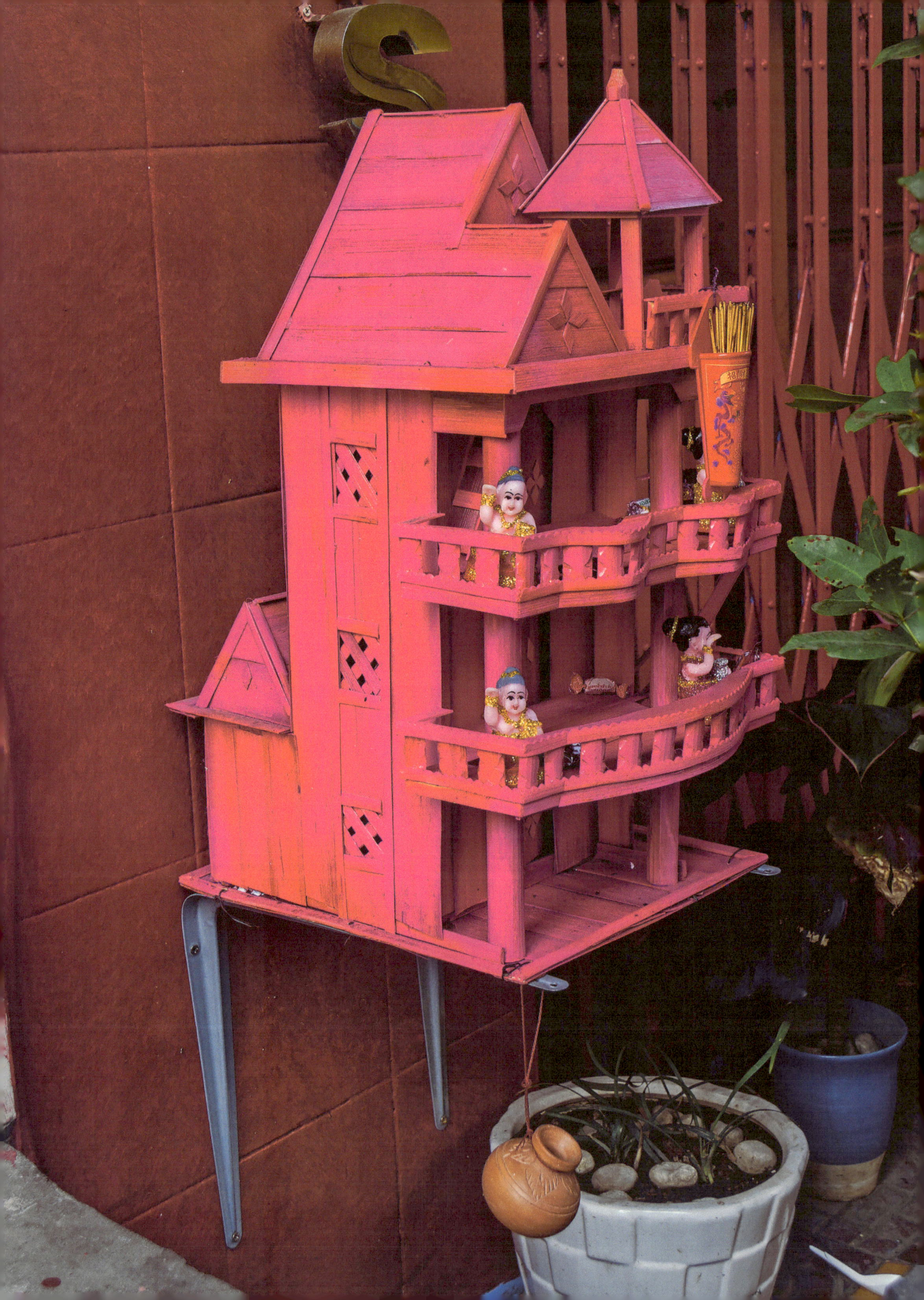

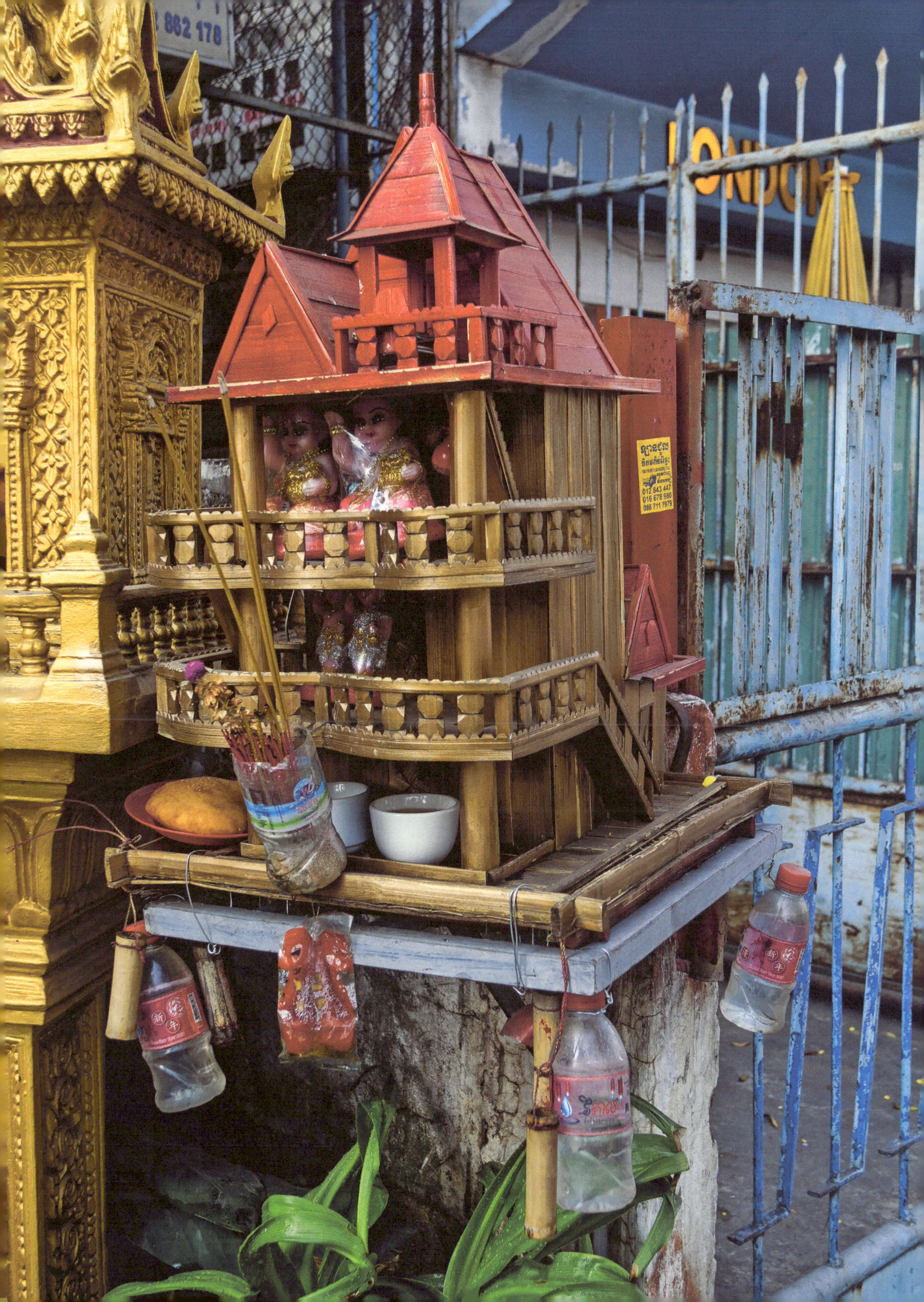
882 178
LONDO
012 643 447
016 678 980
096 711 7979
新年
新年

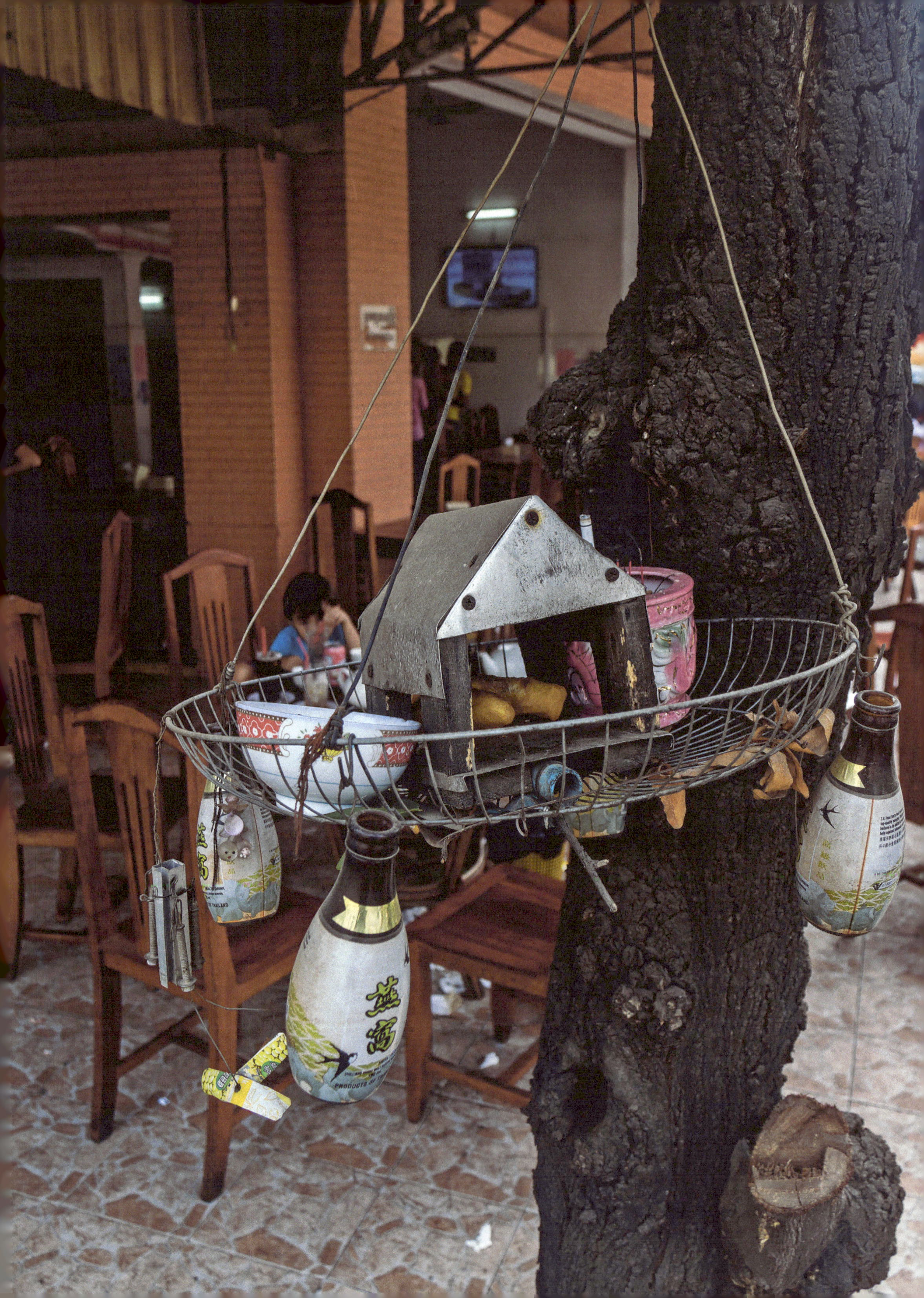

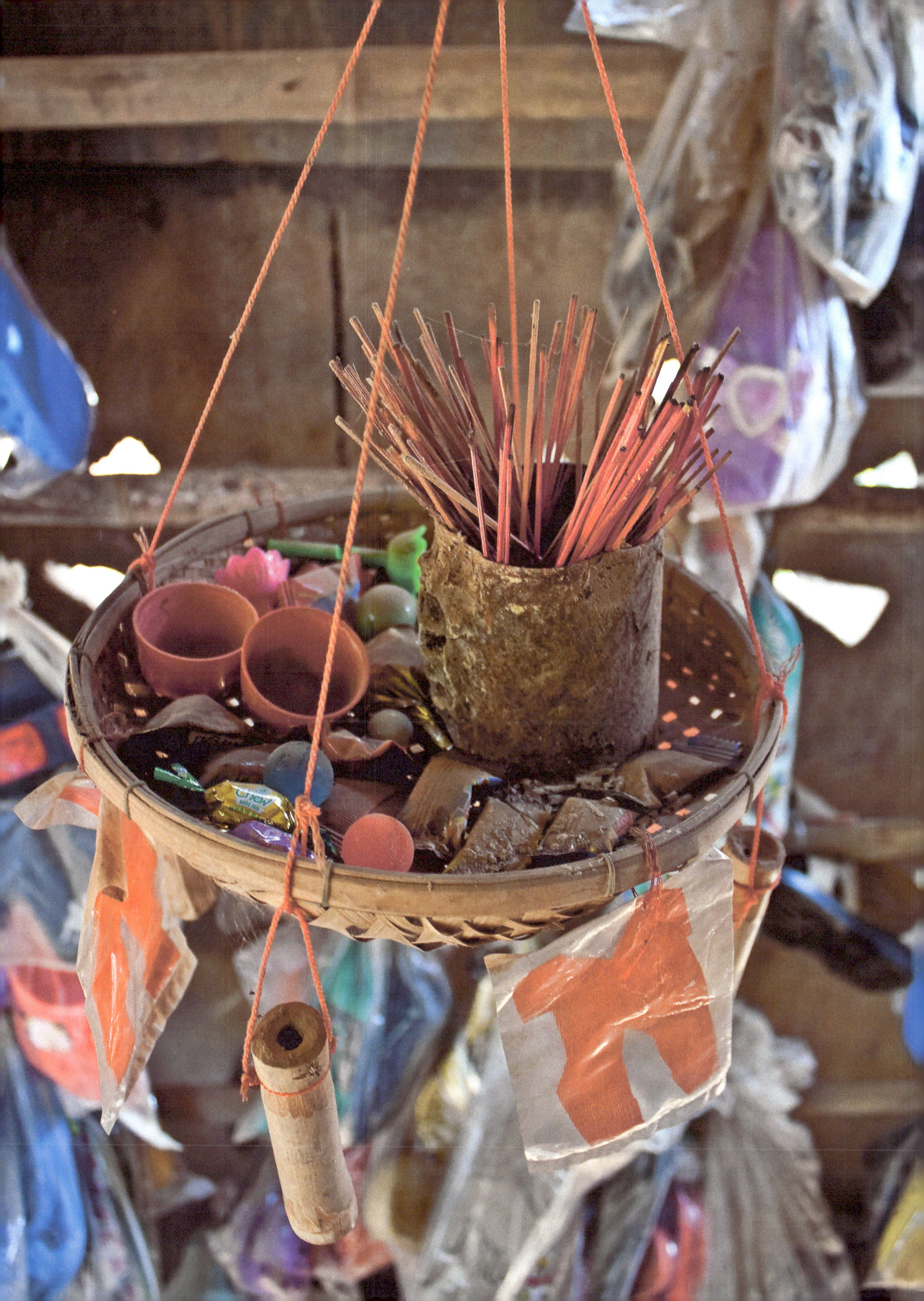

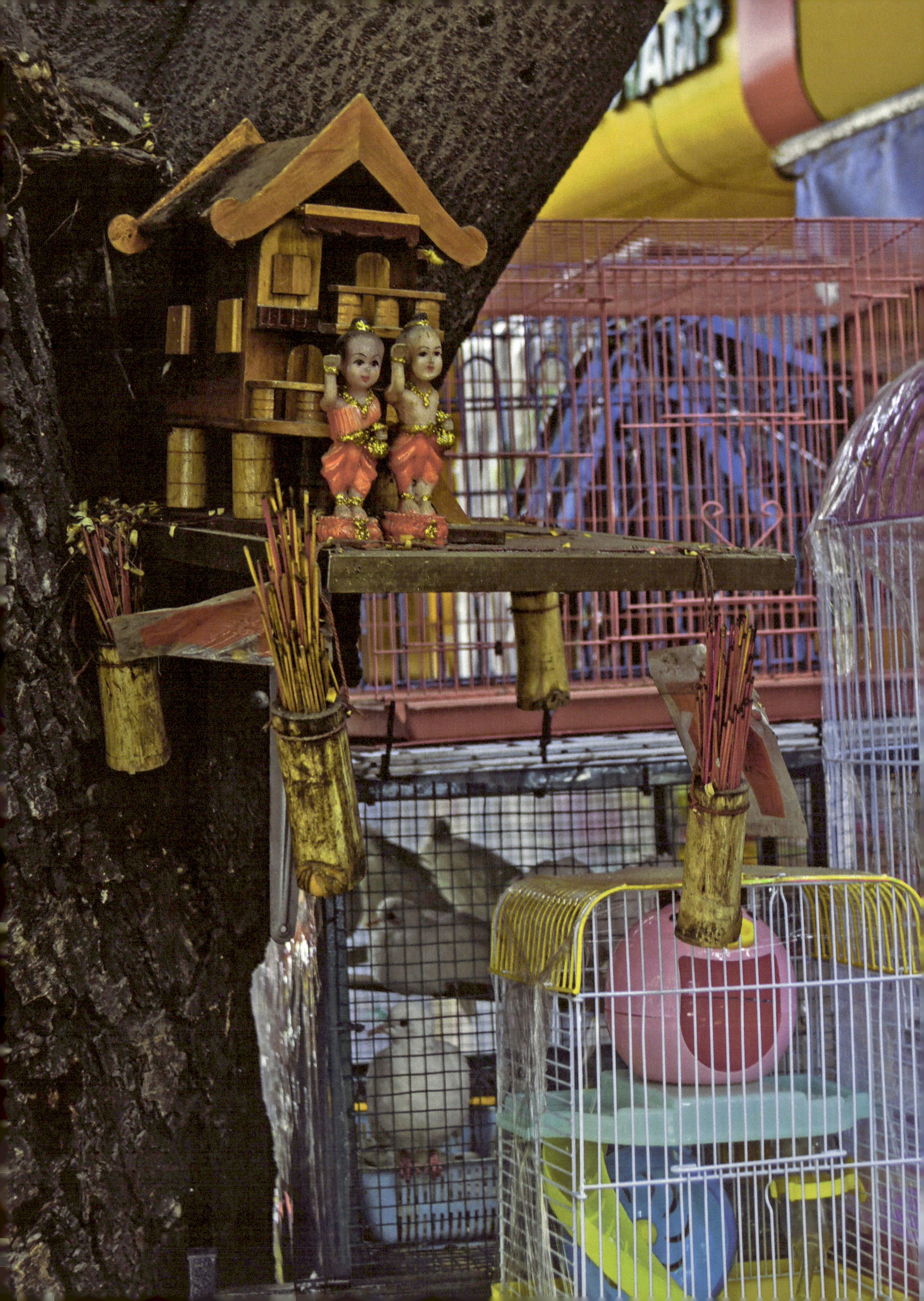

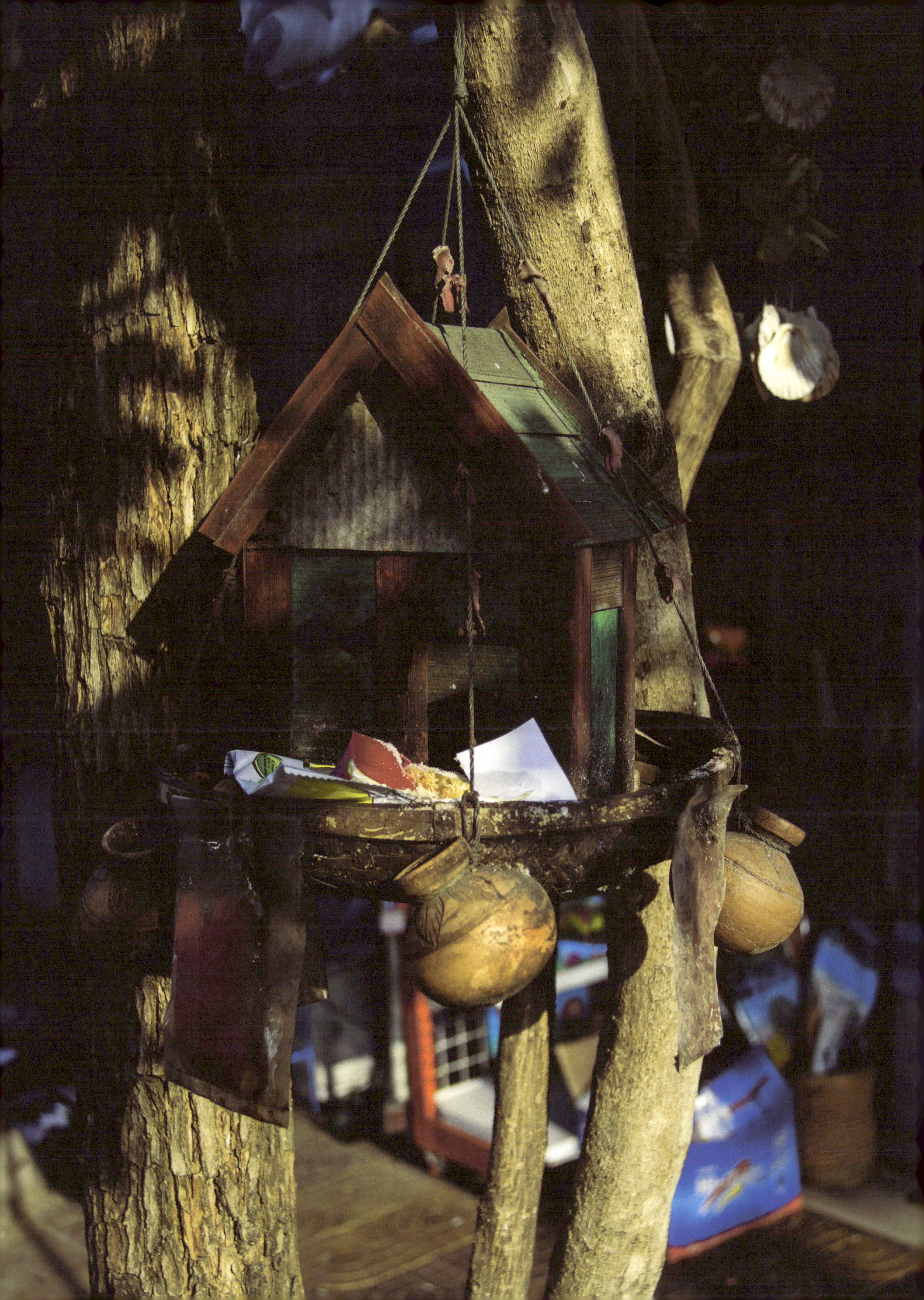

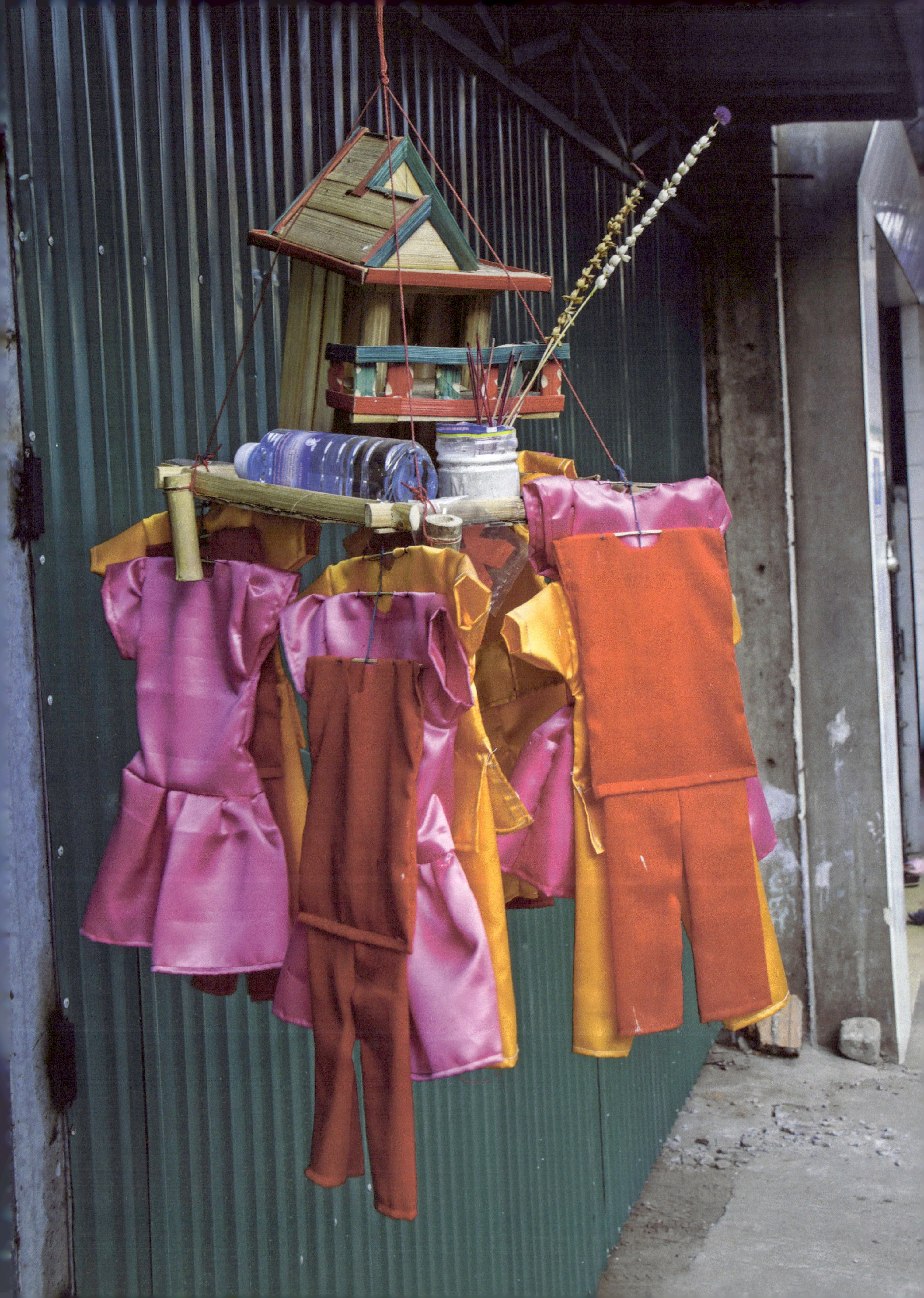

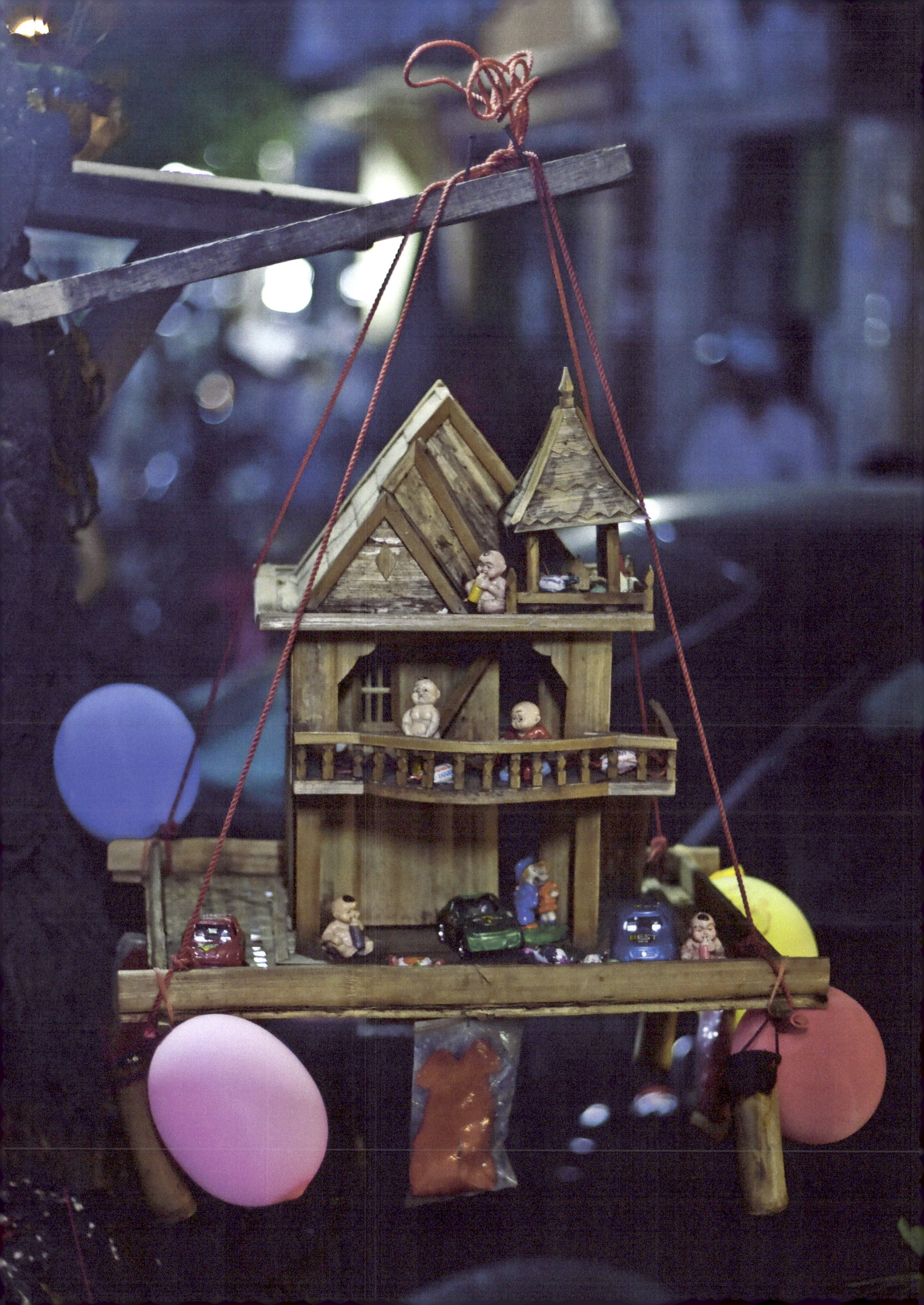

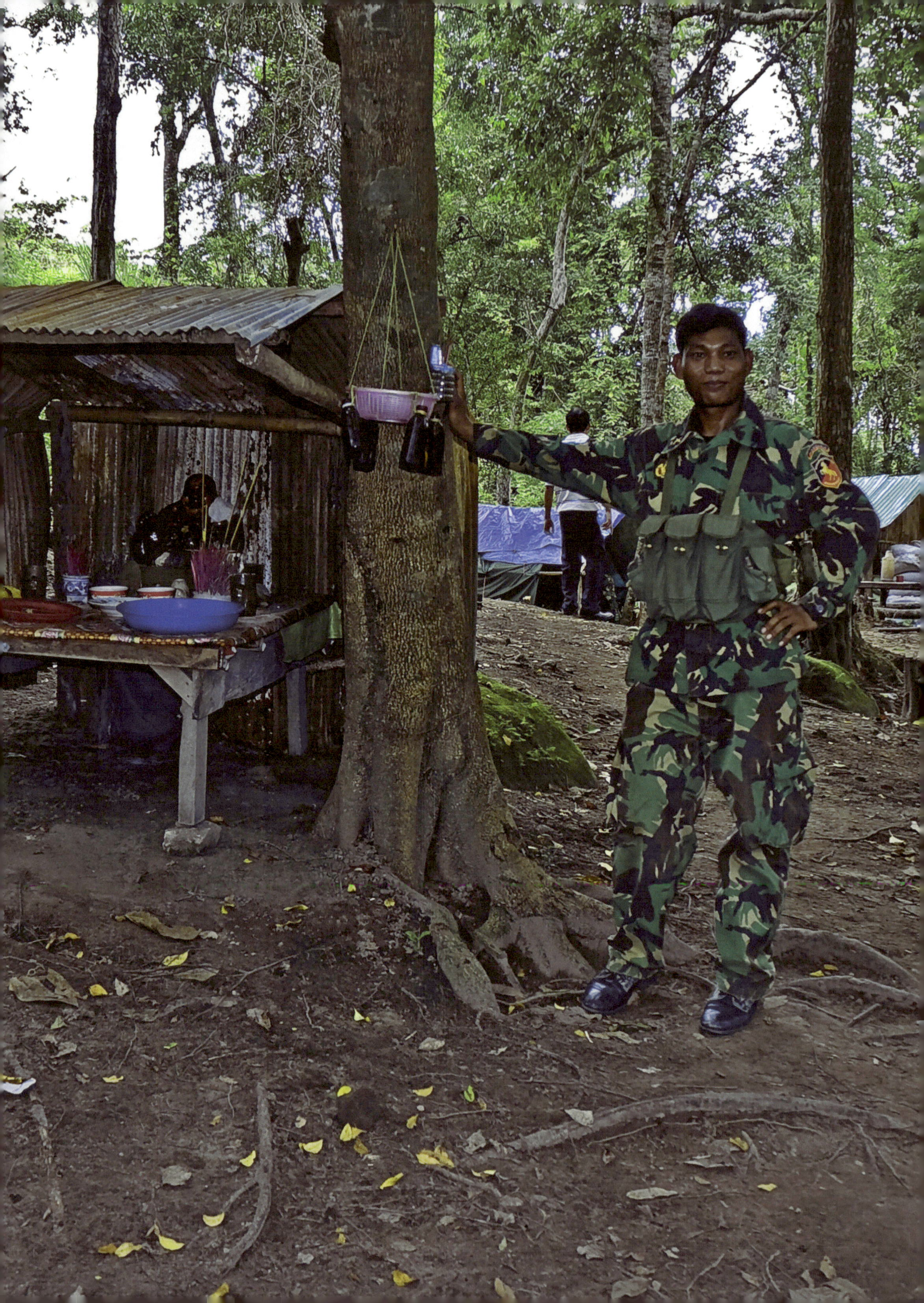

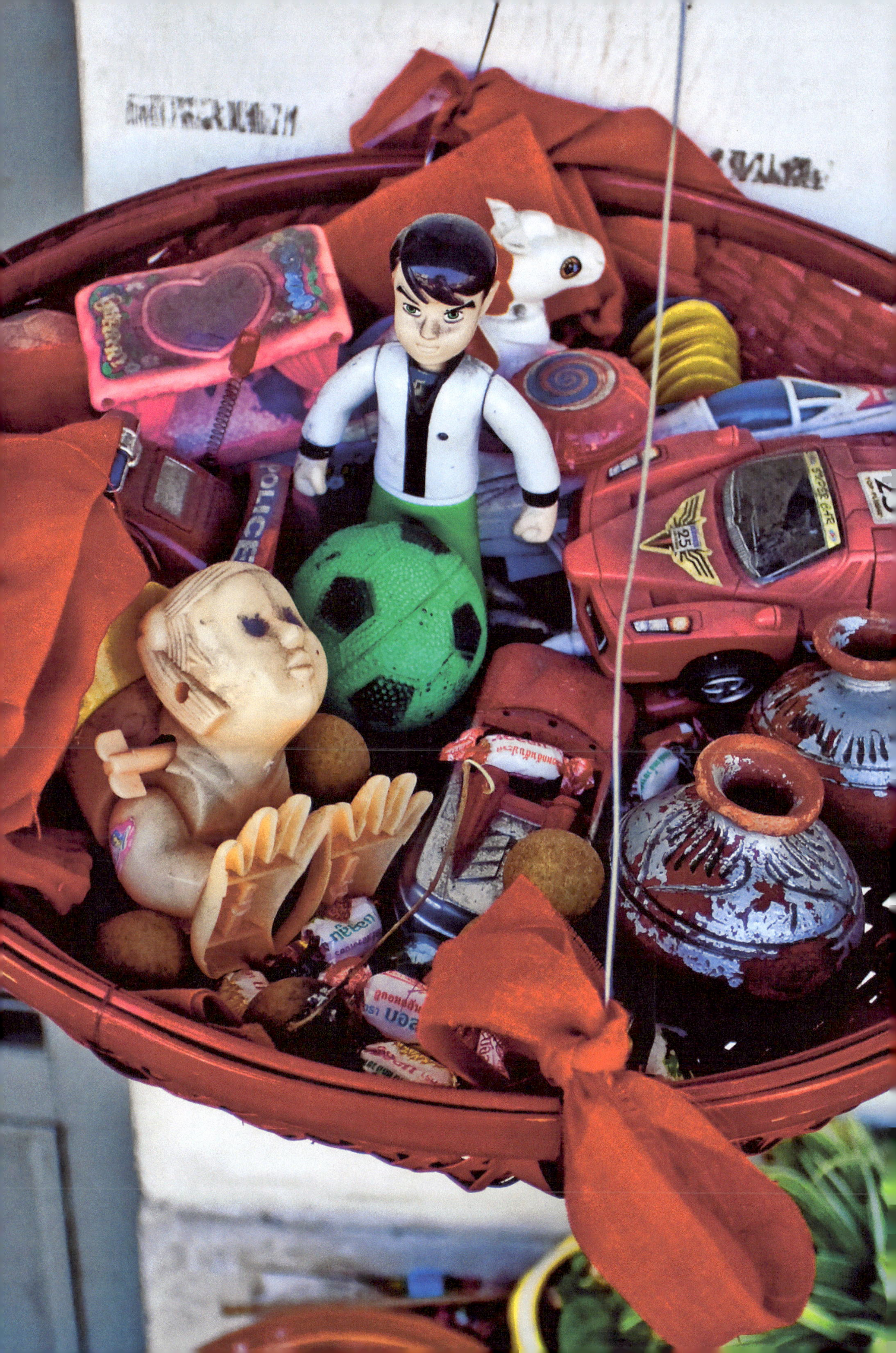

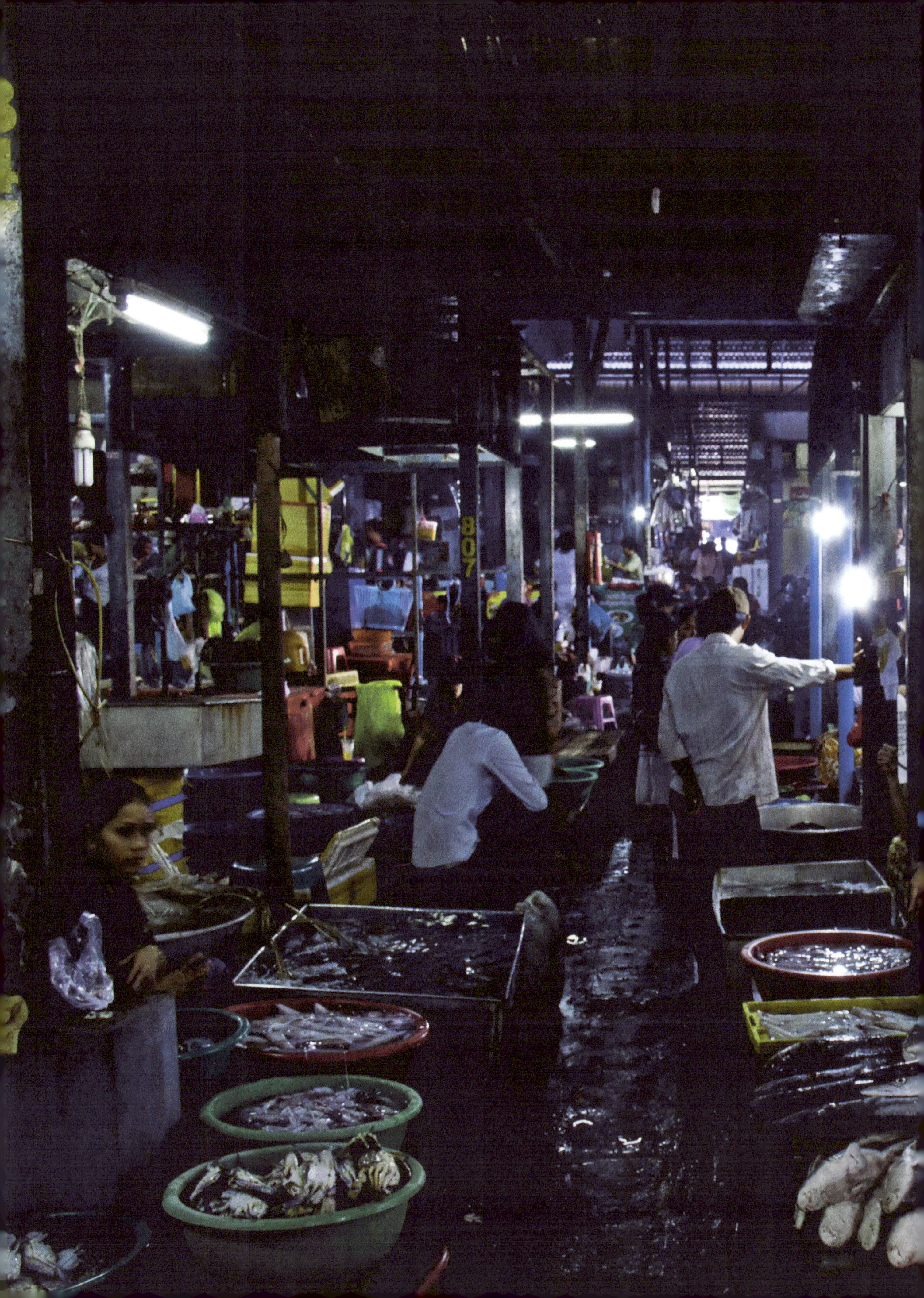

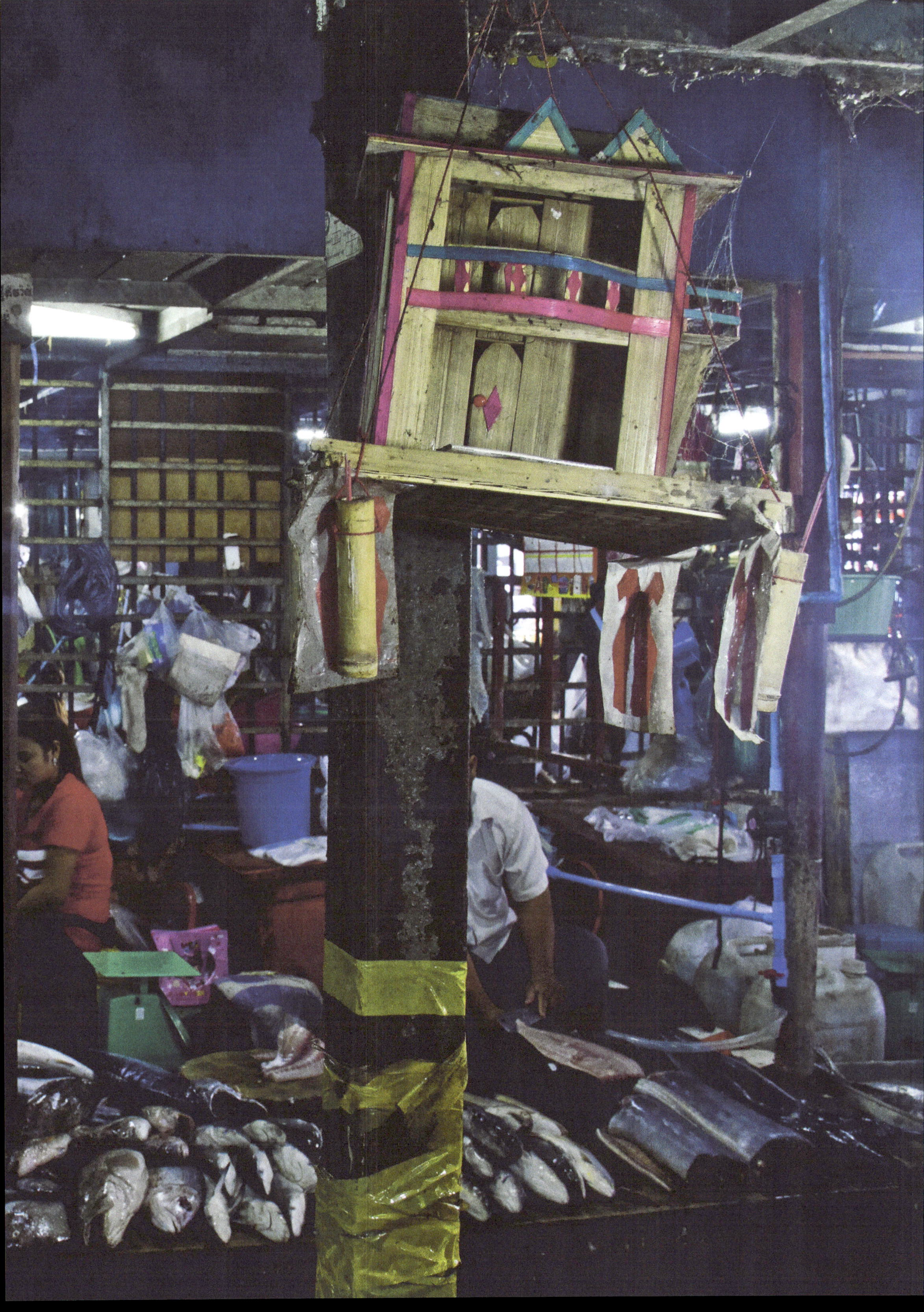

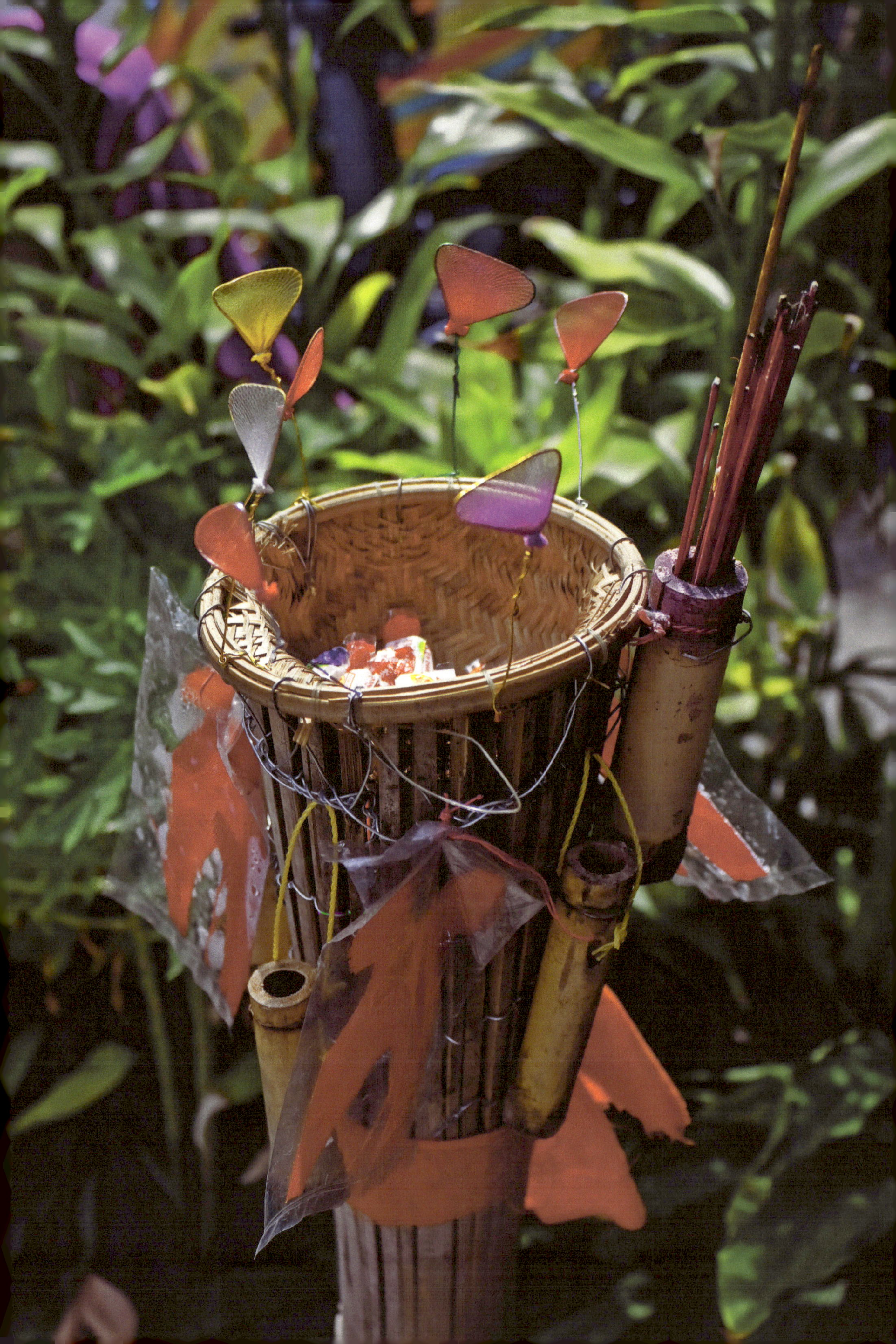

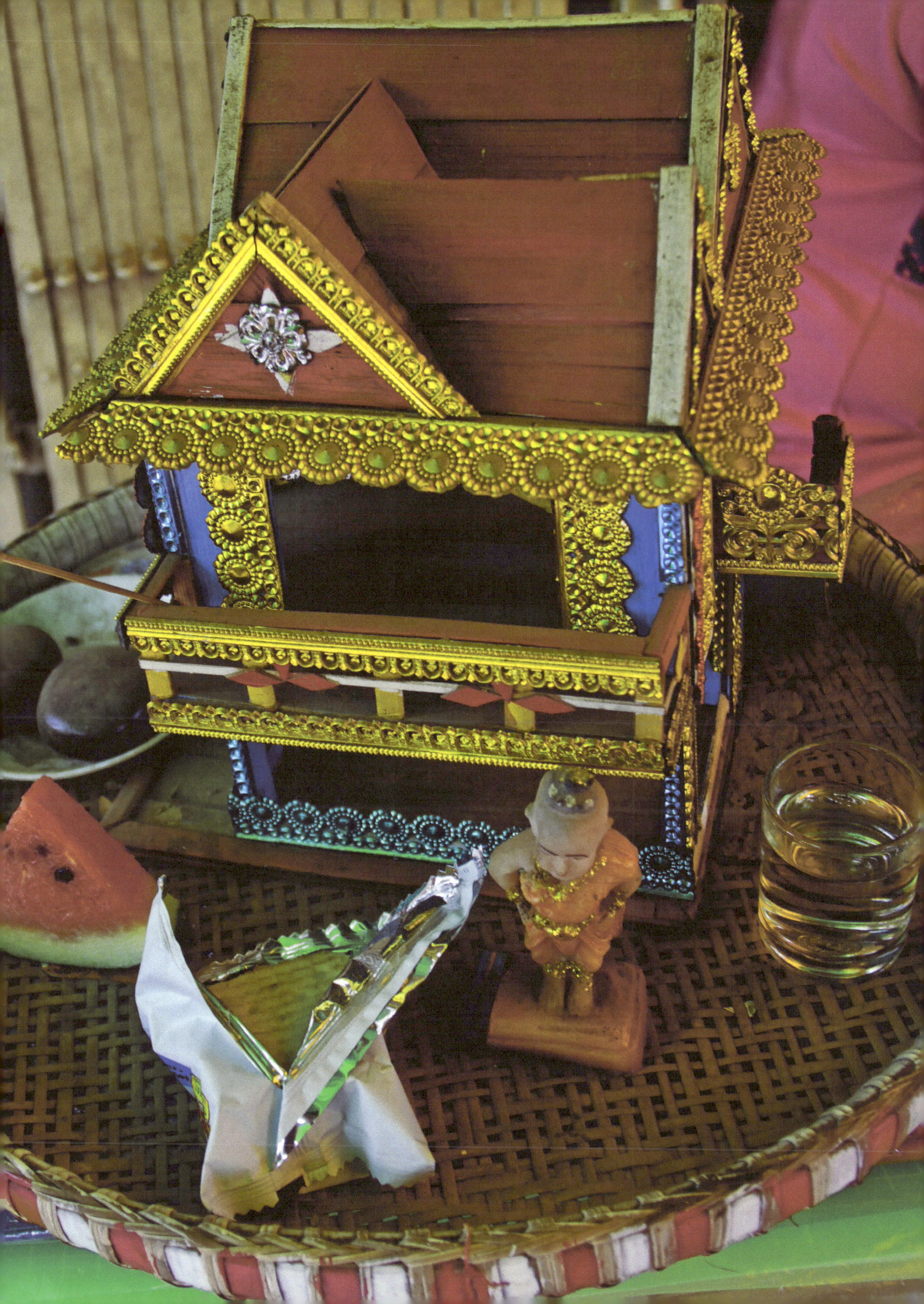

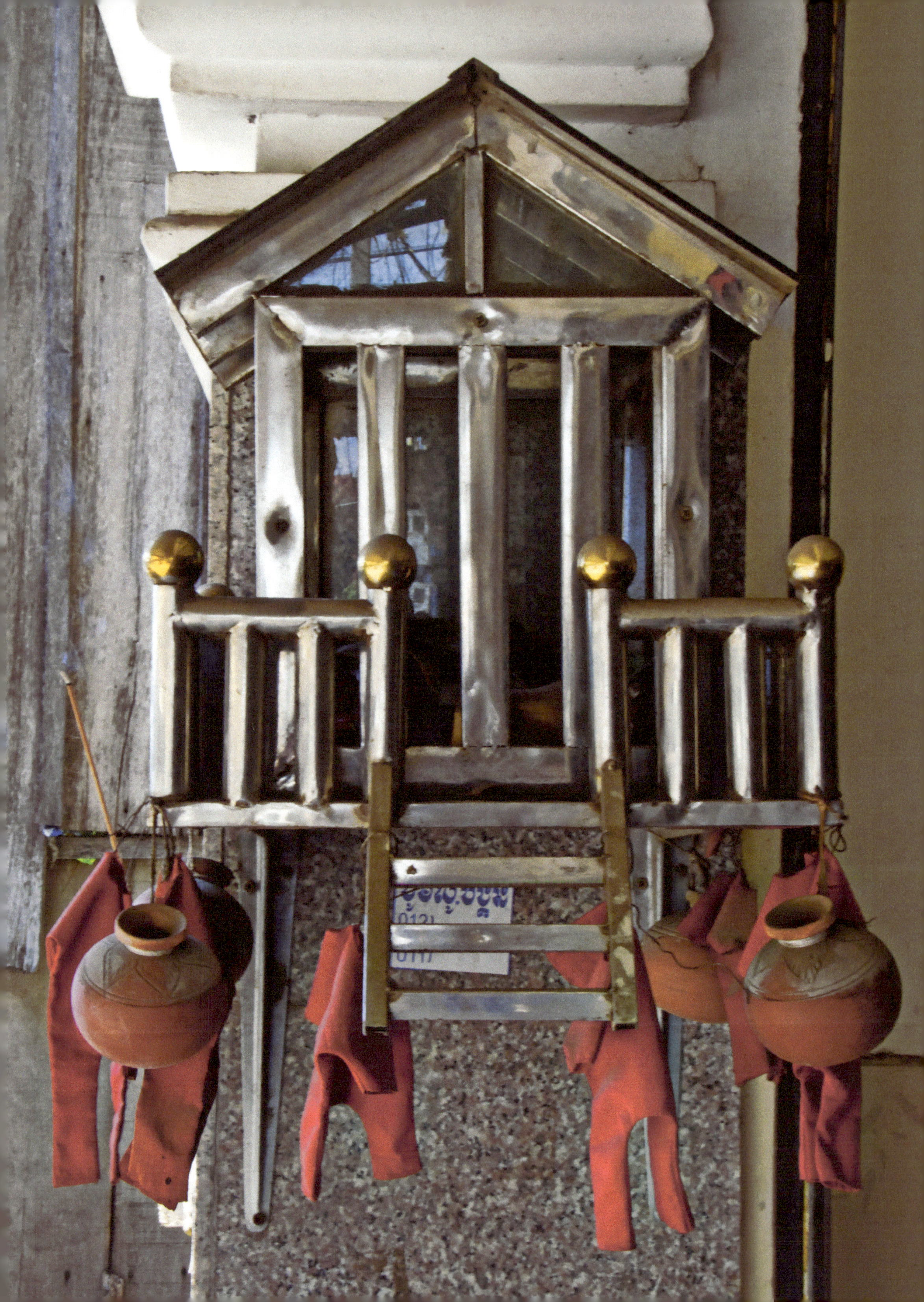

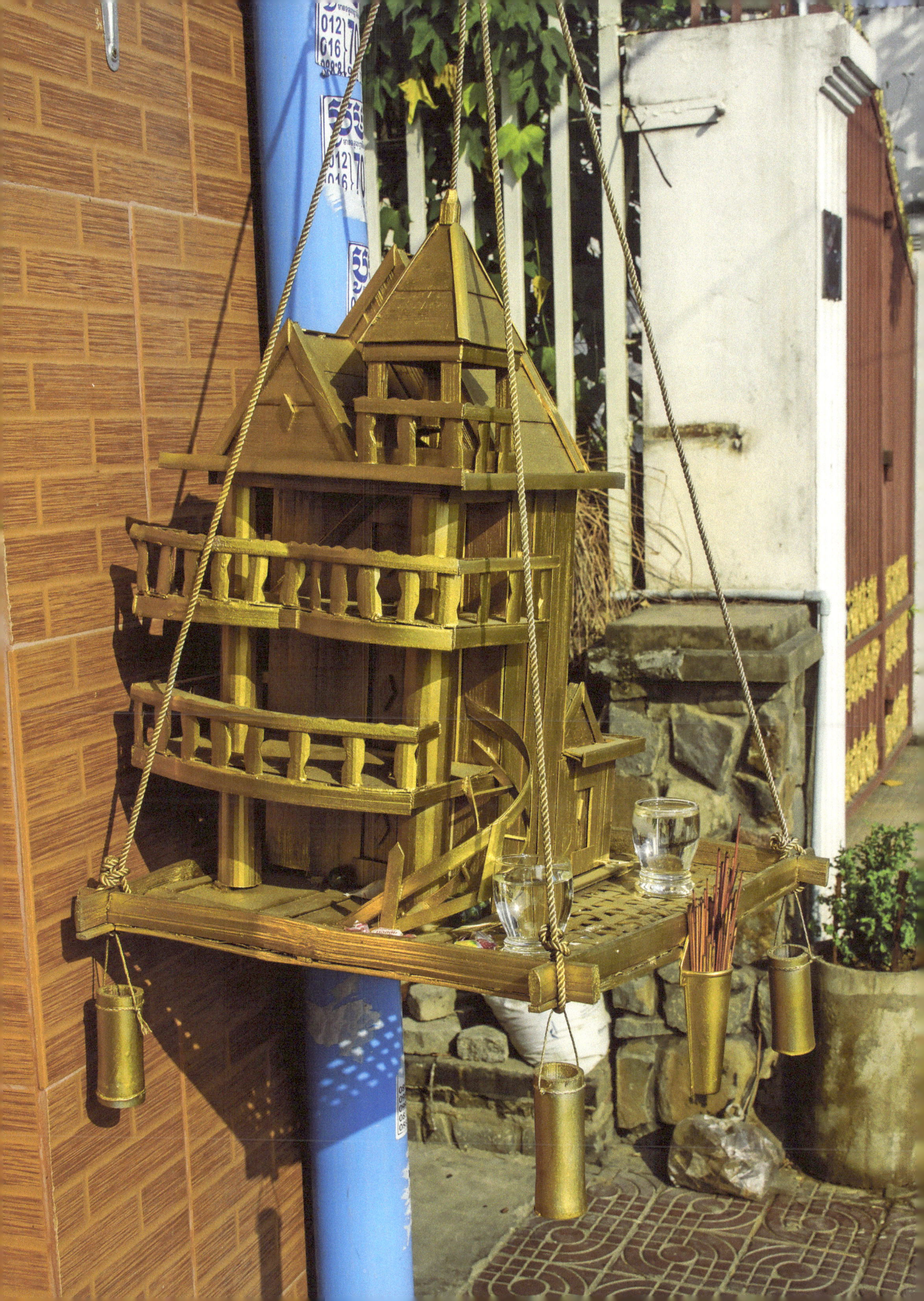

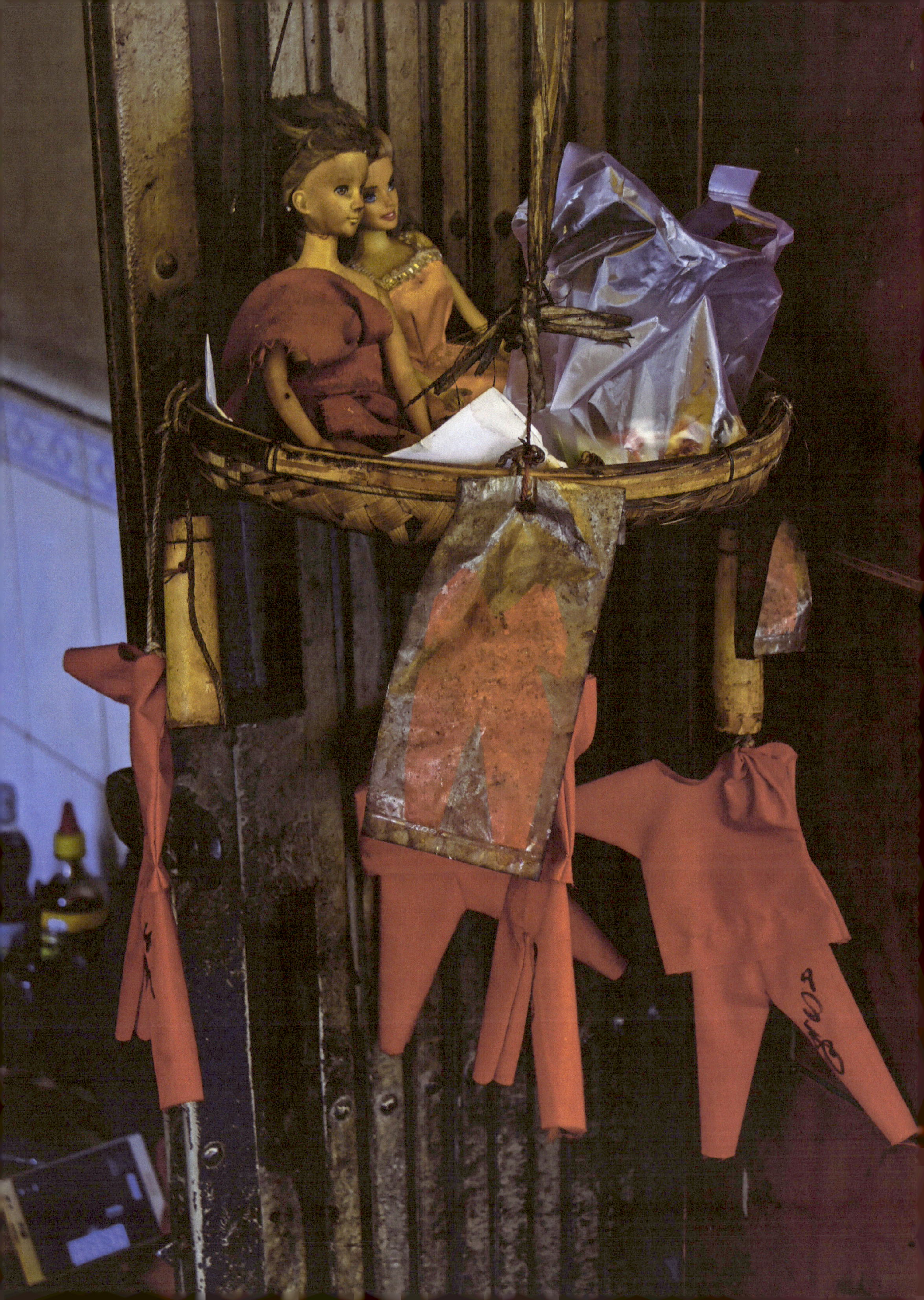

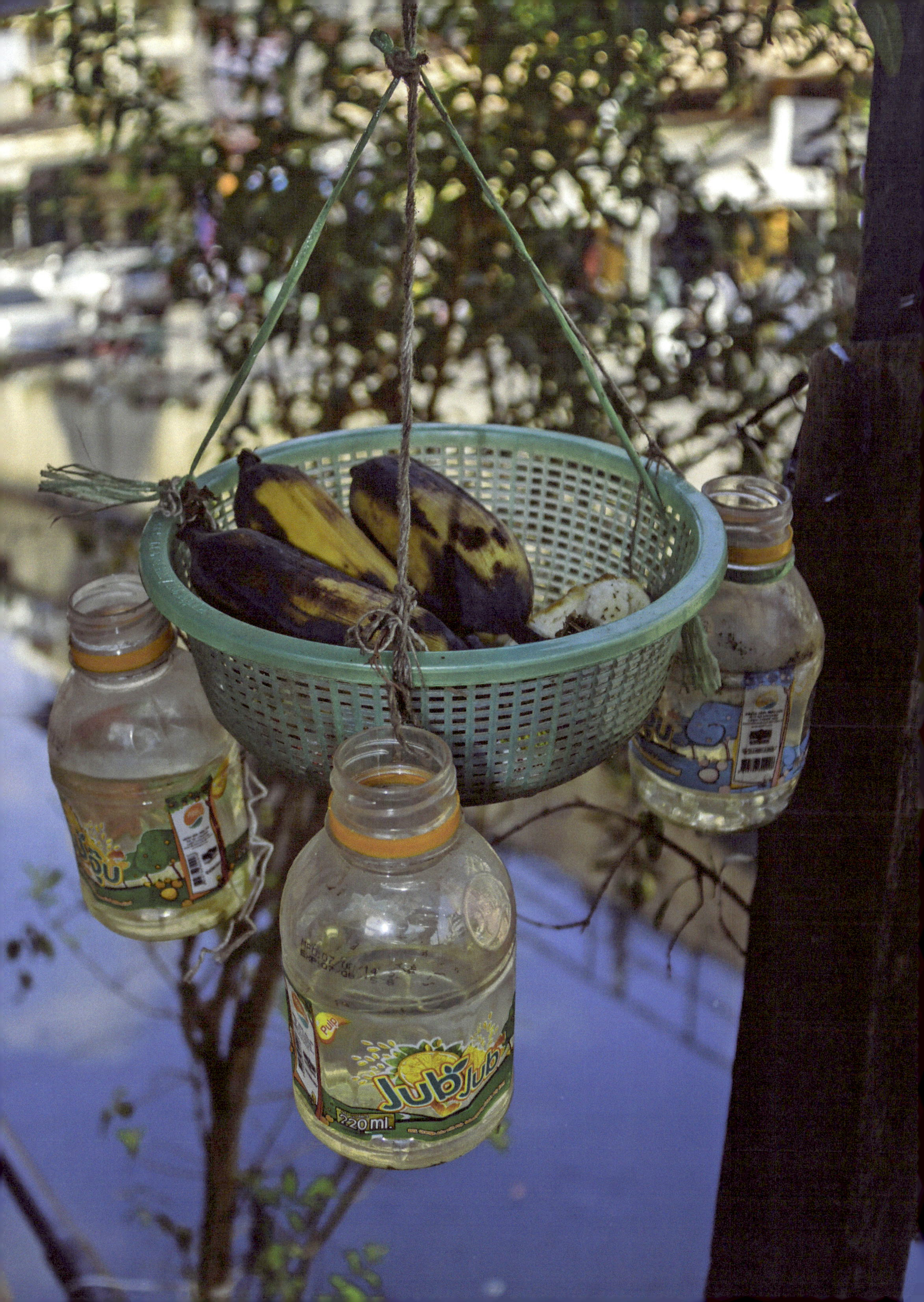

JubJub
720 ml.
PULP

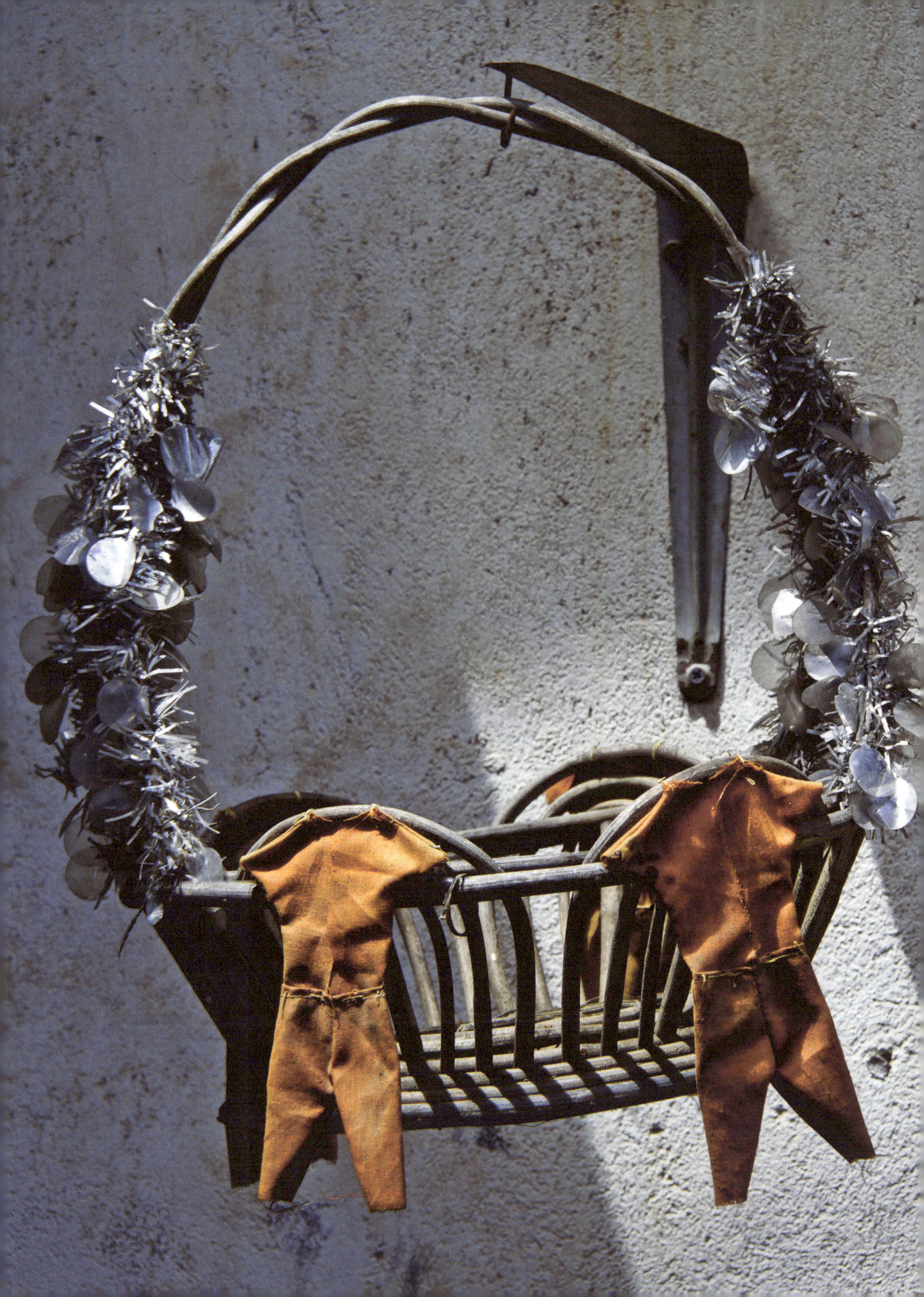

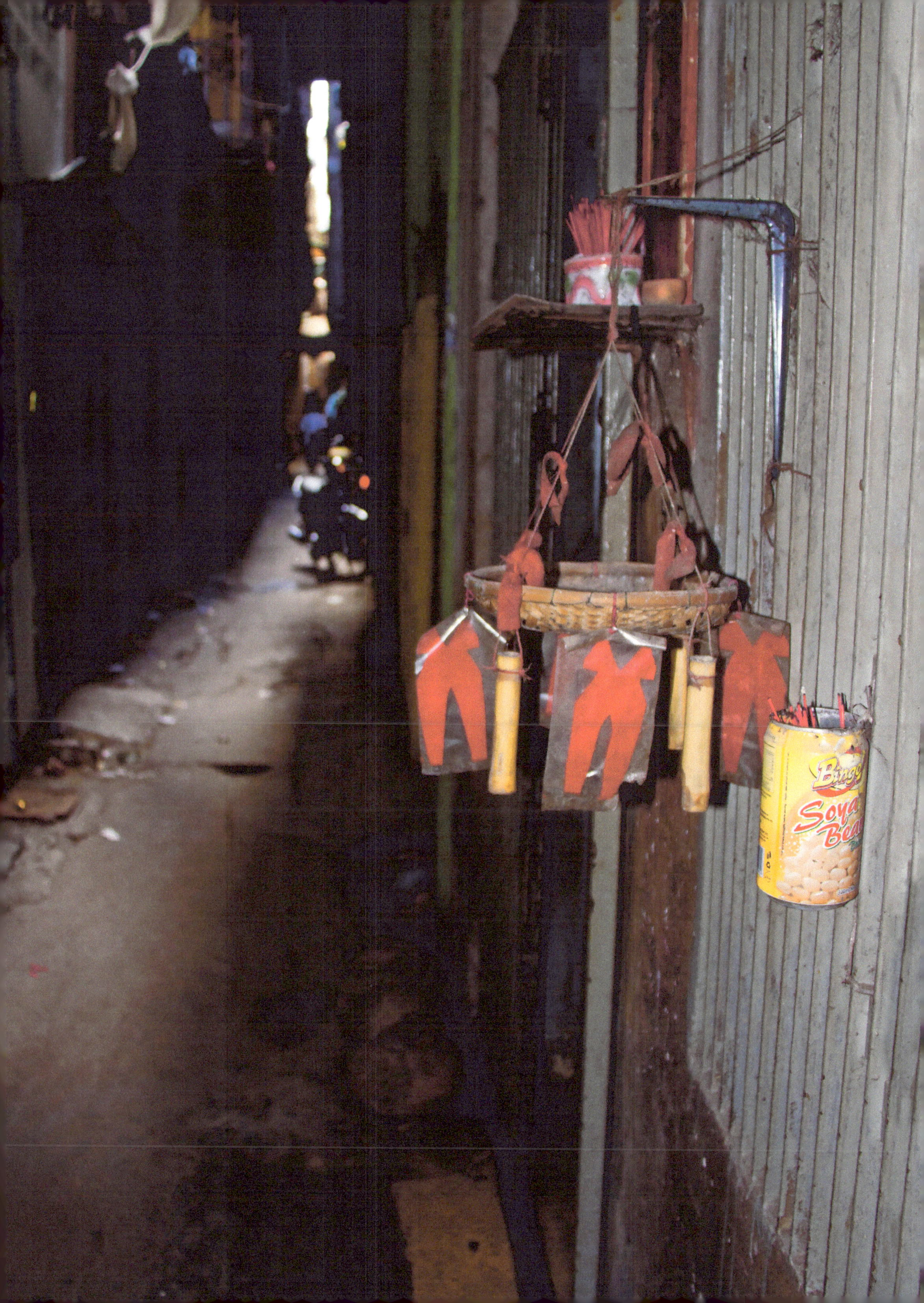

Bingo
Soya
Bea

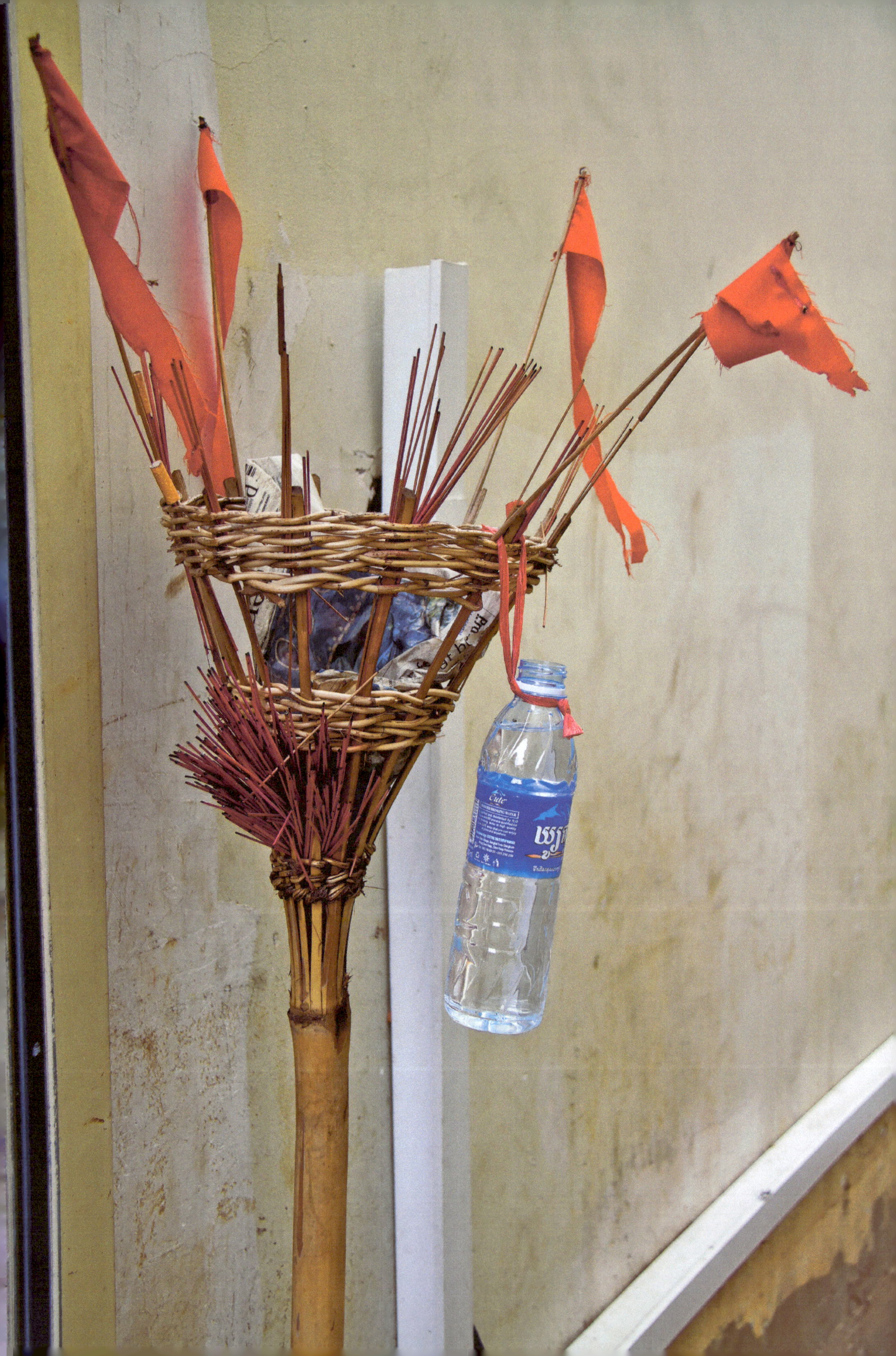

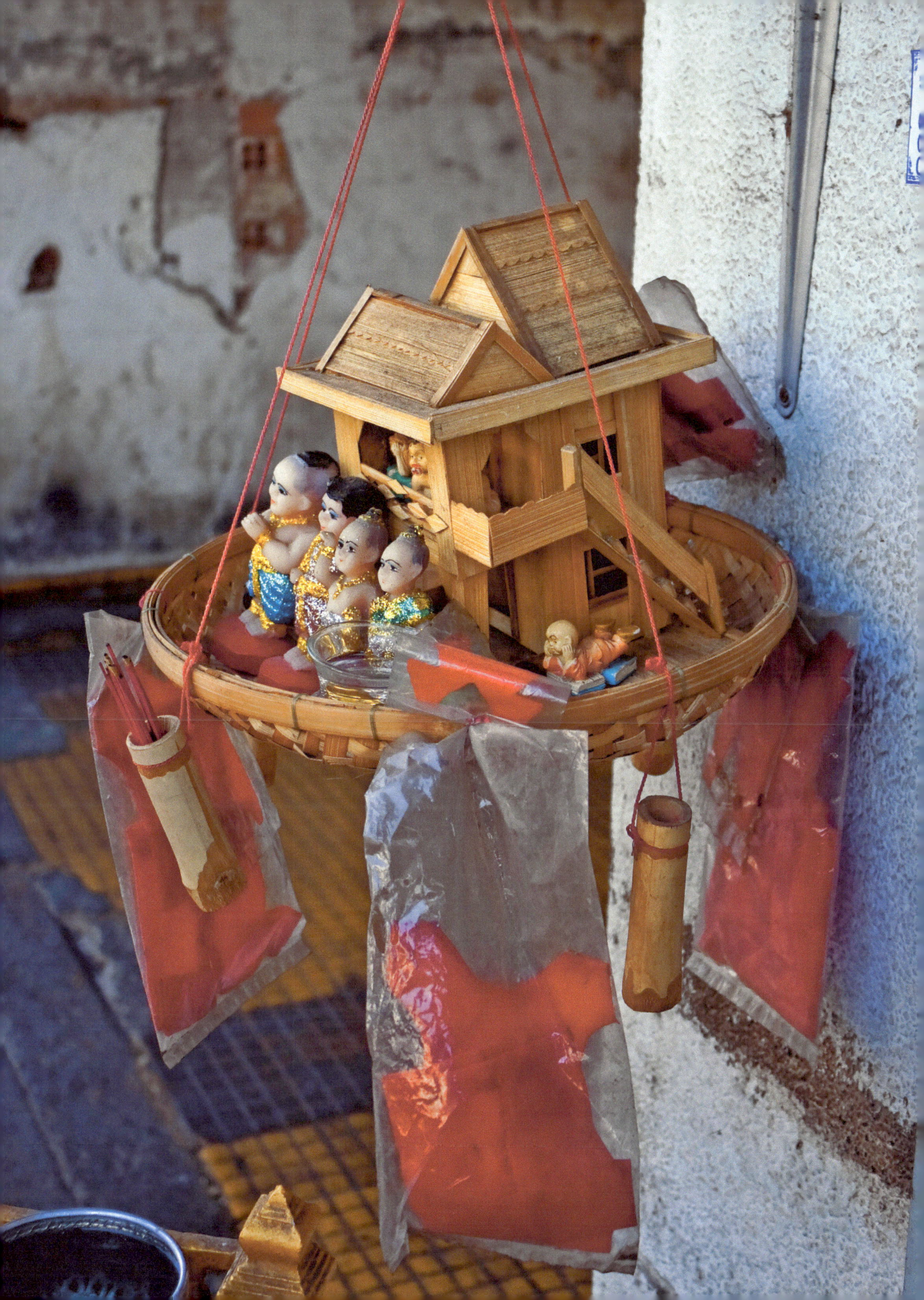

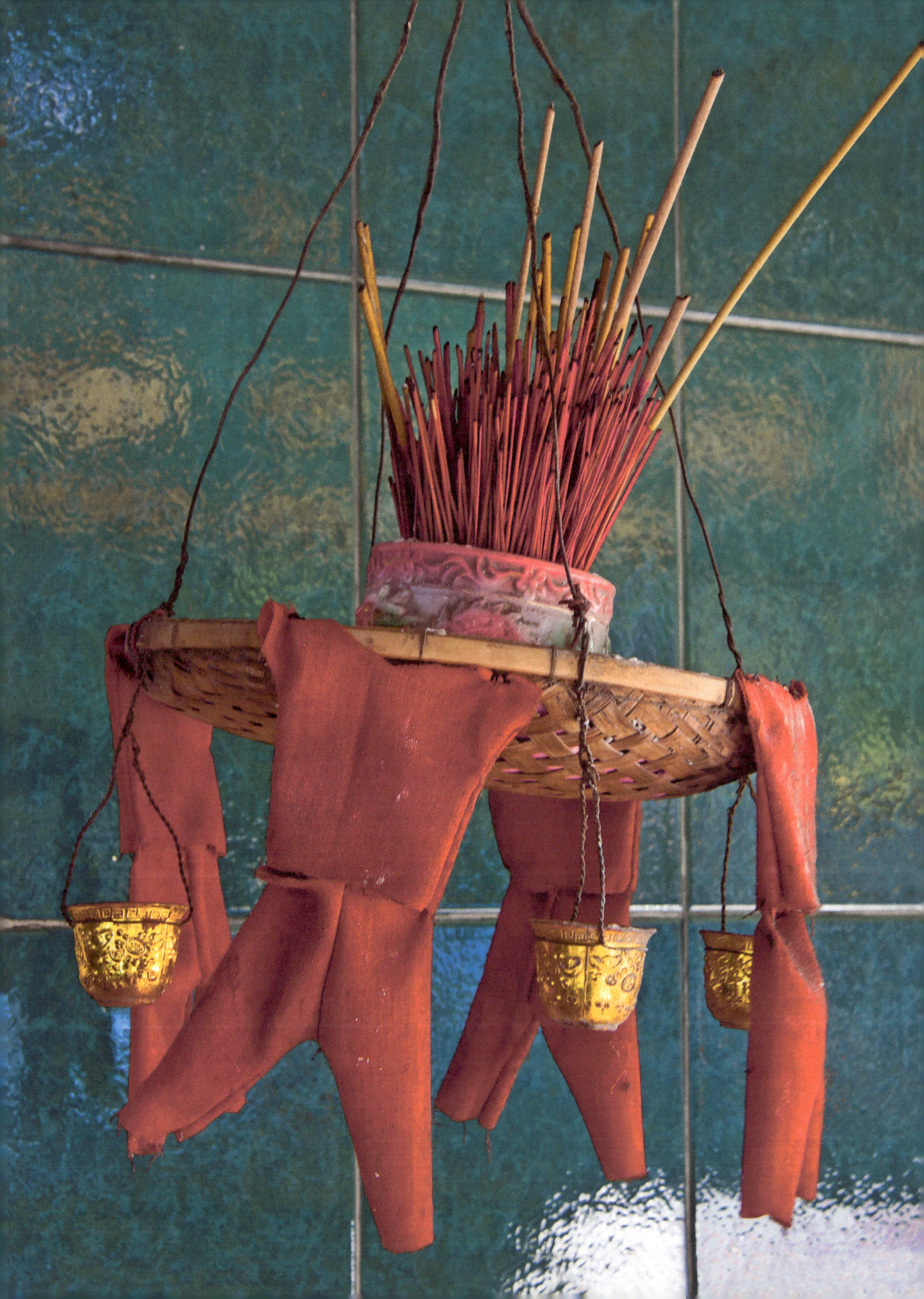

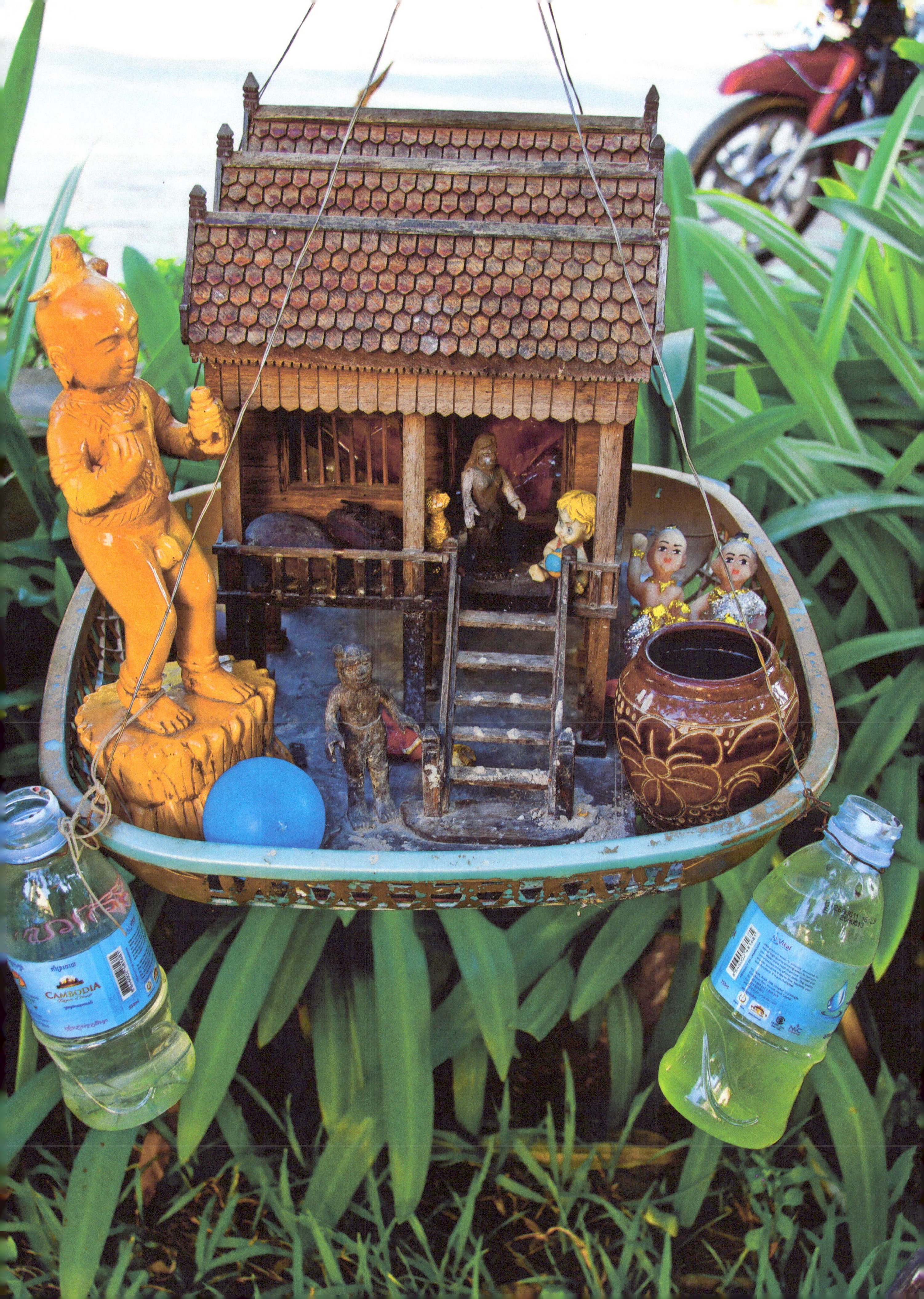

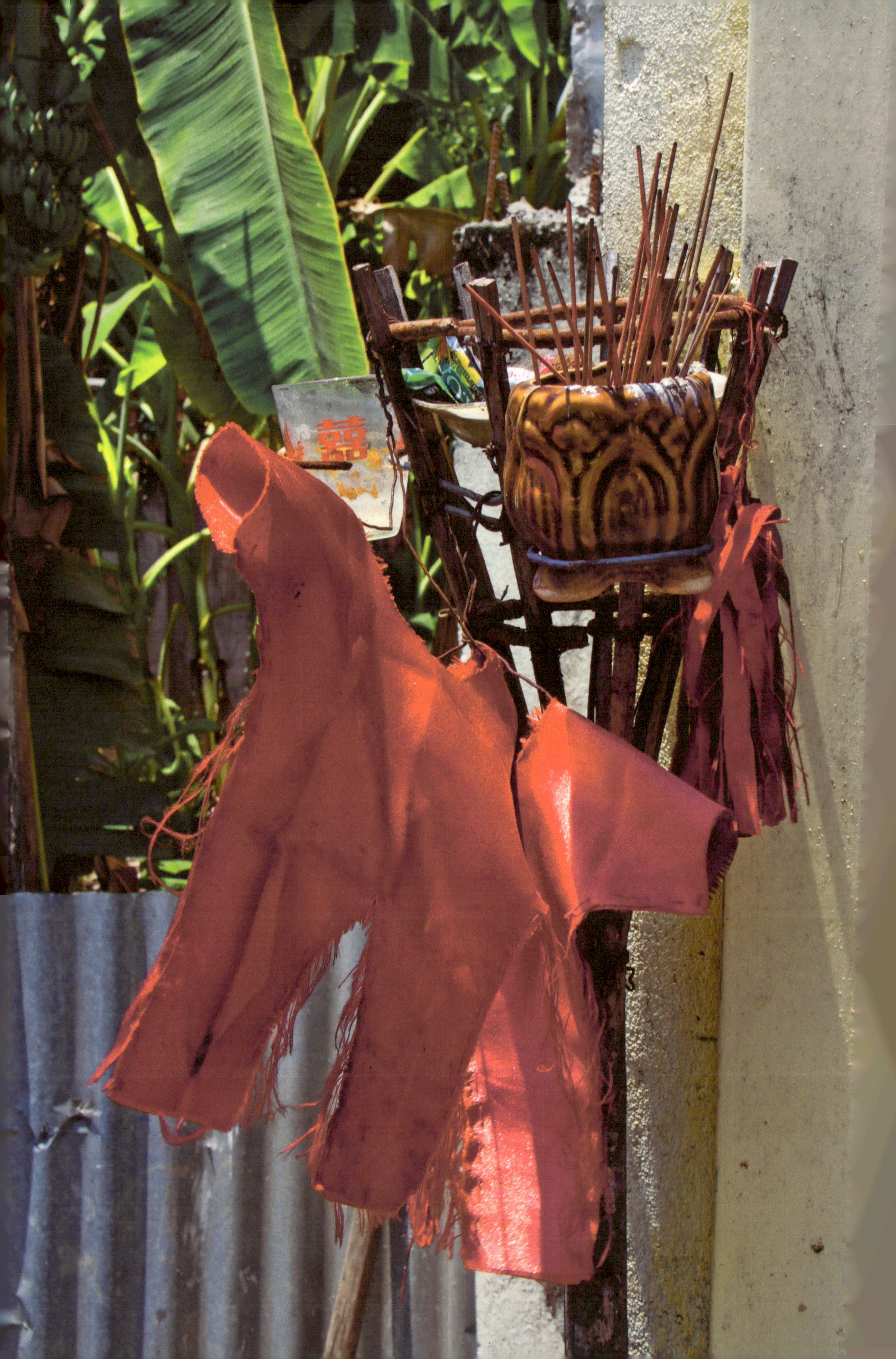

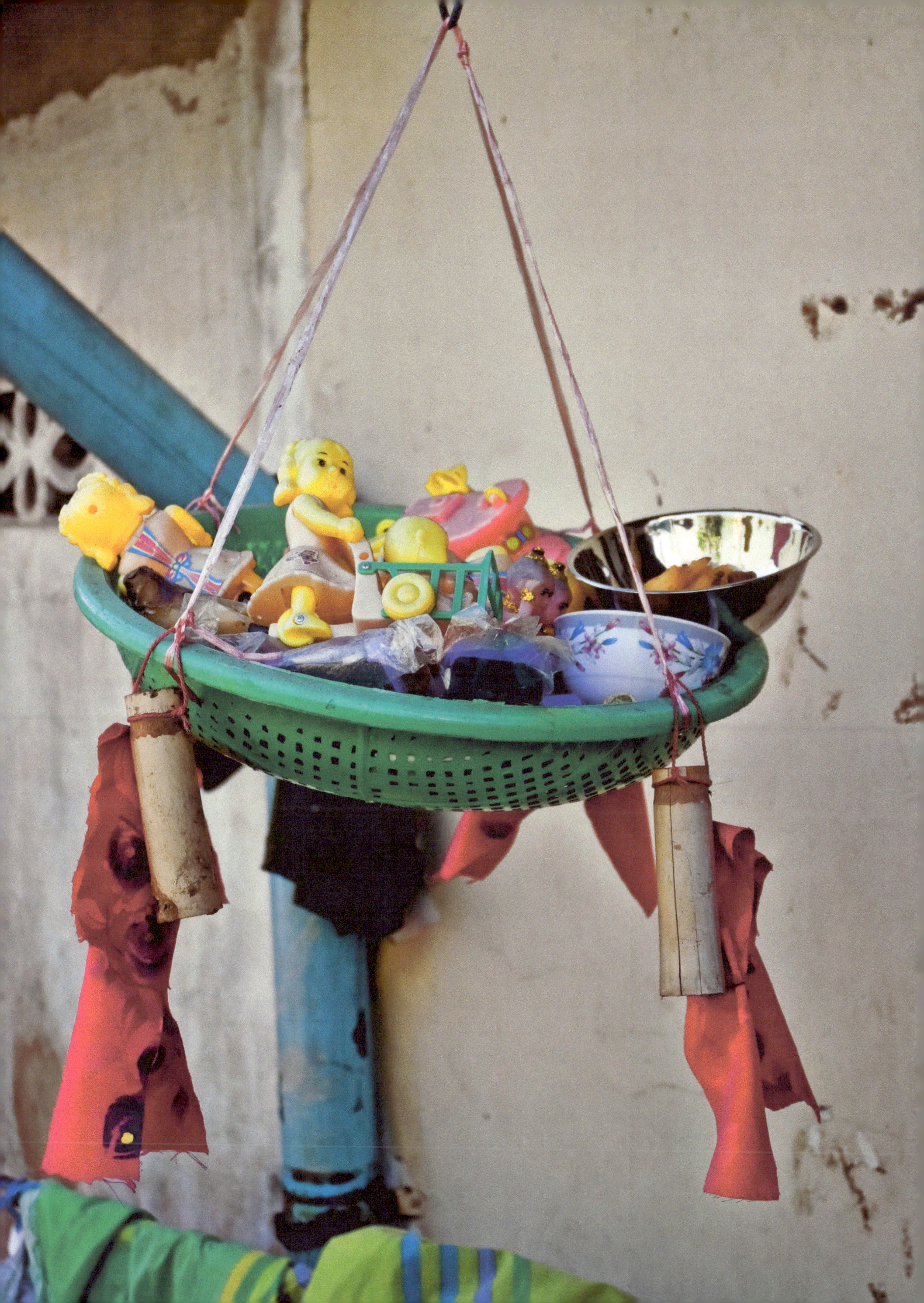

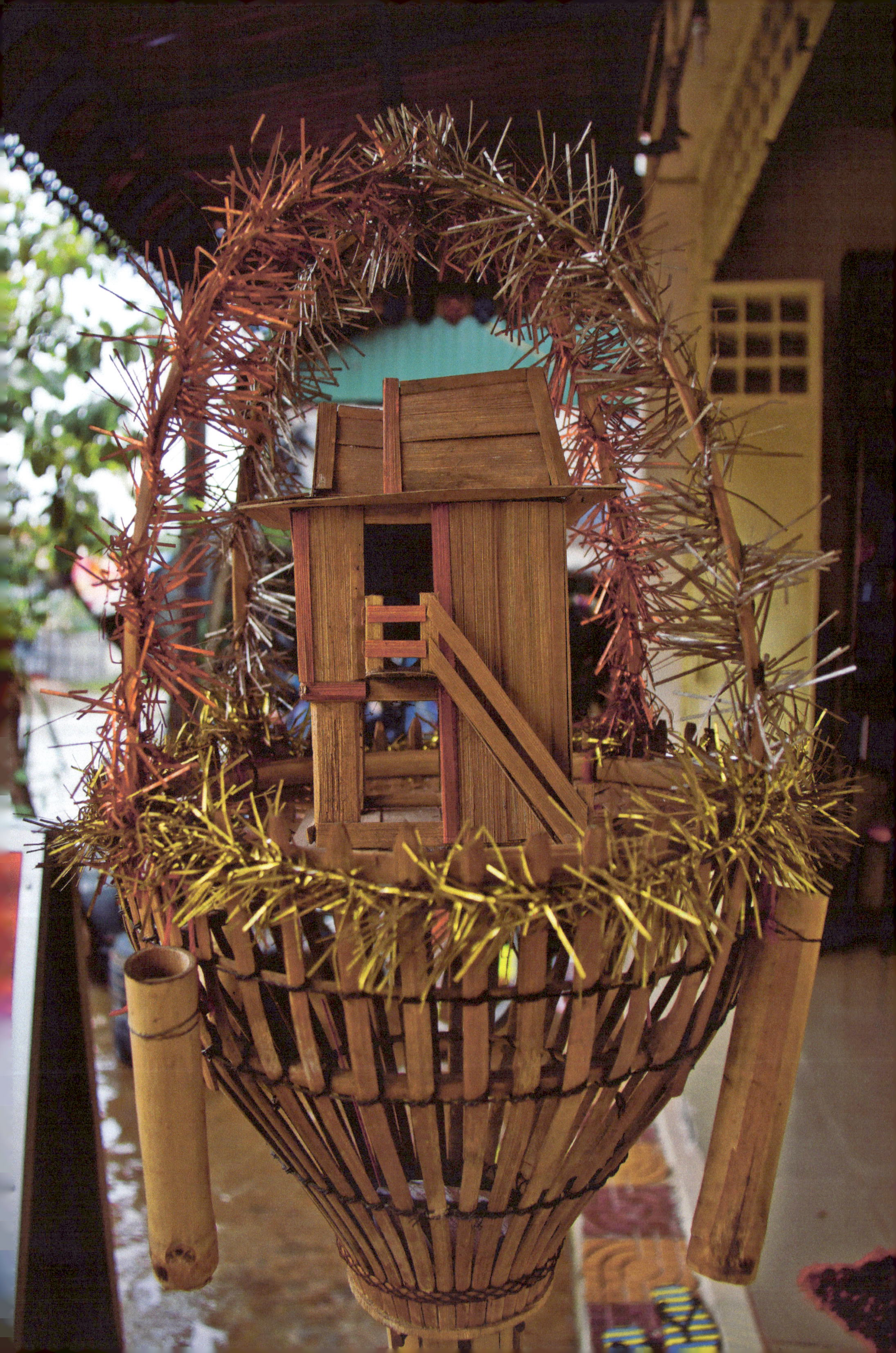

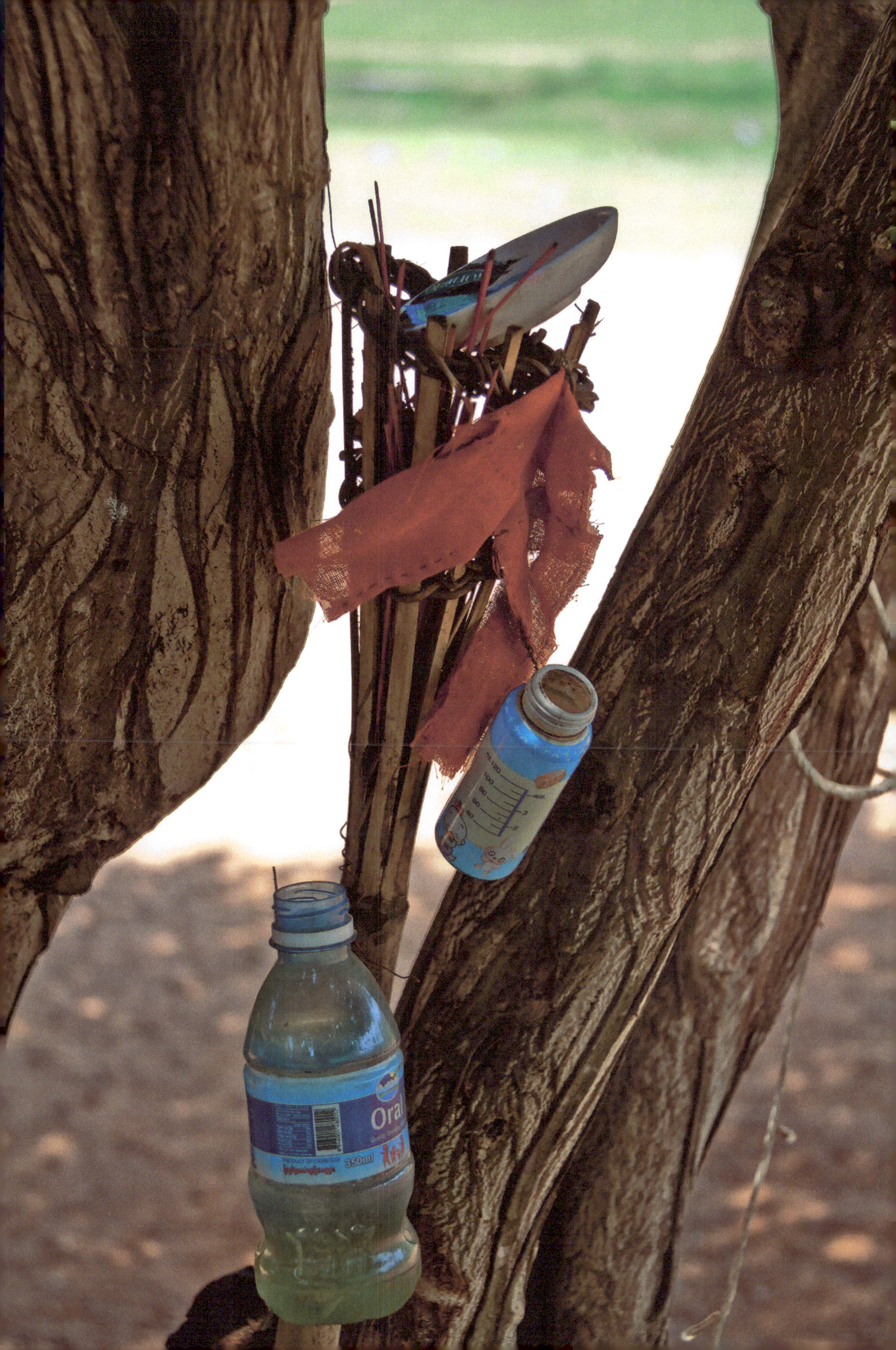

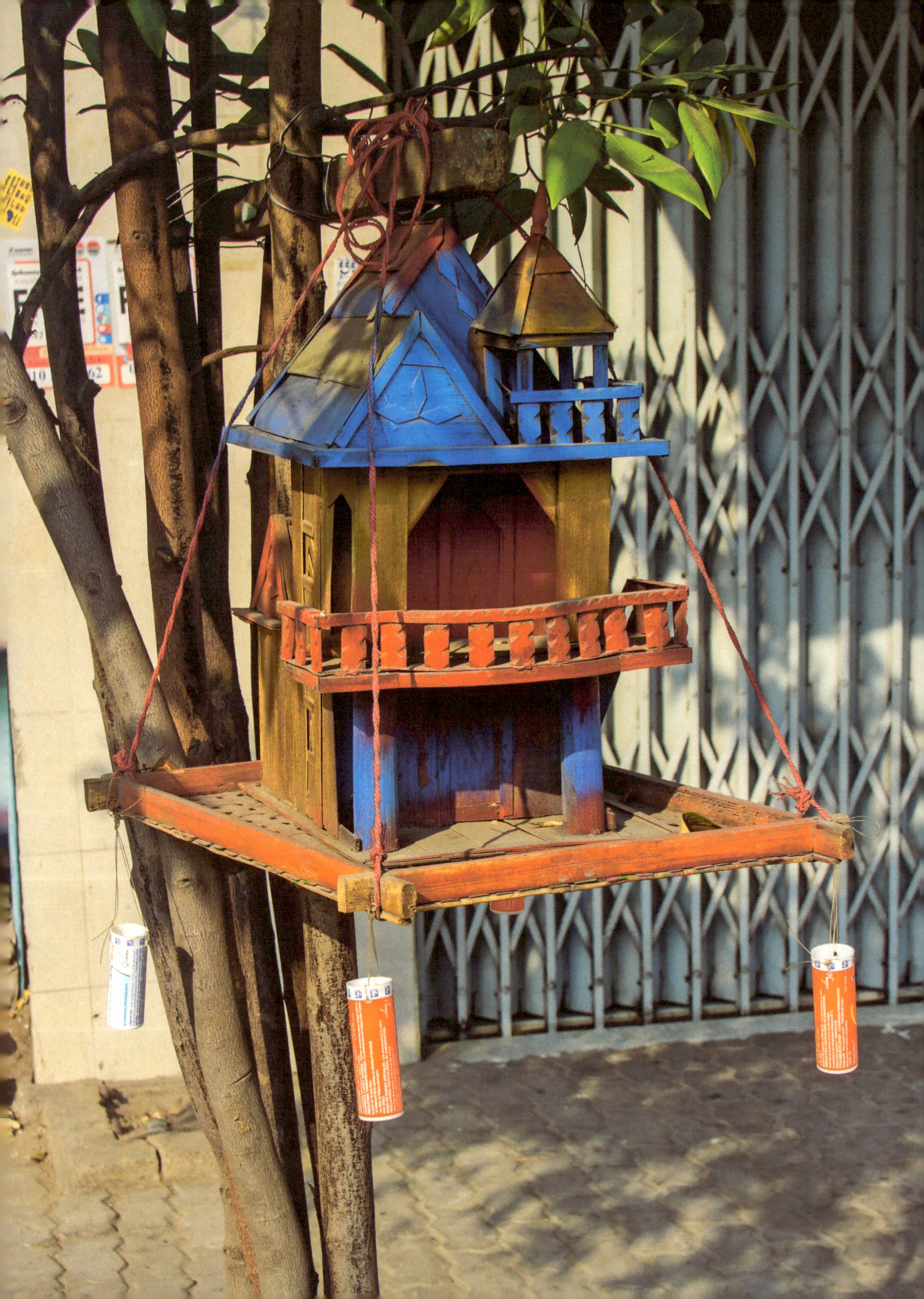

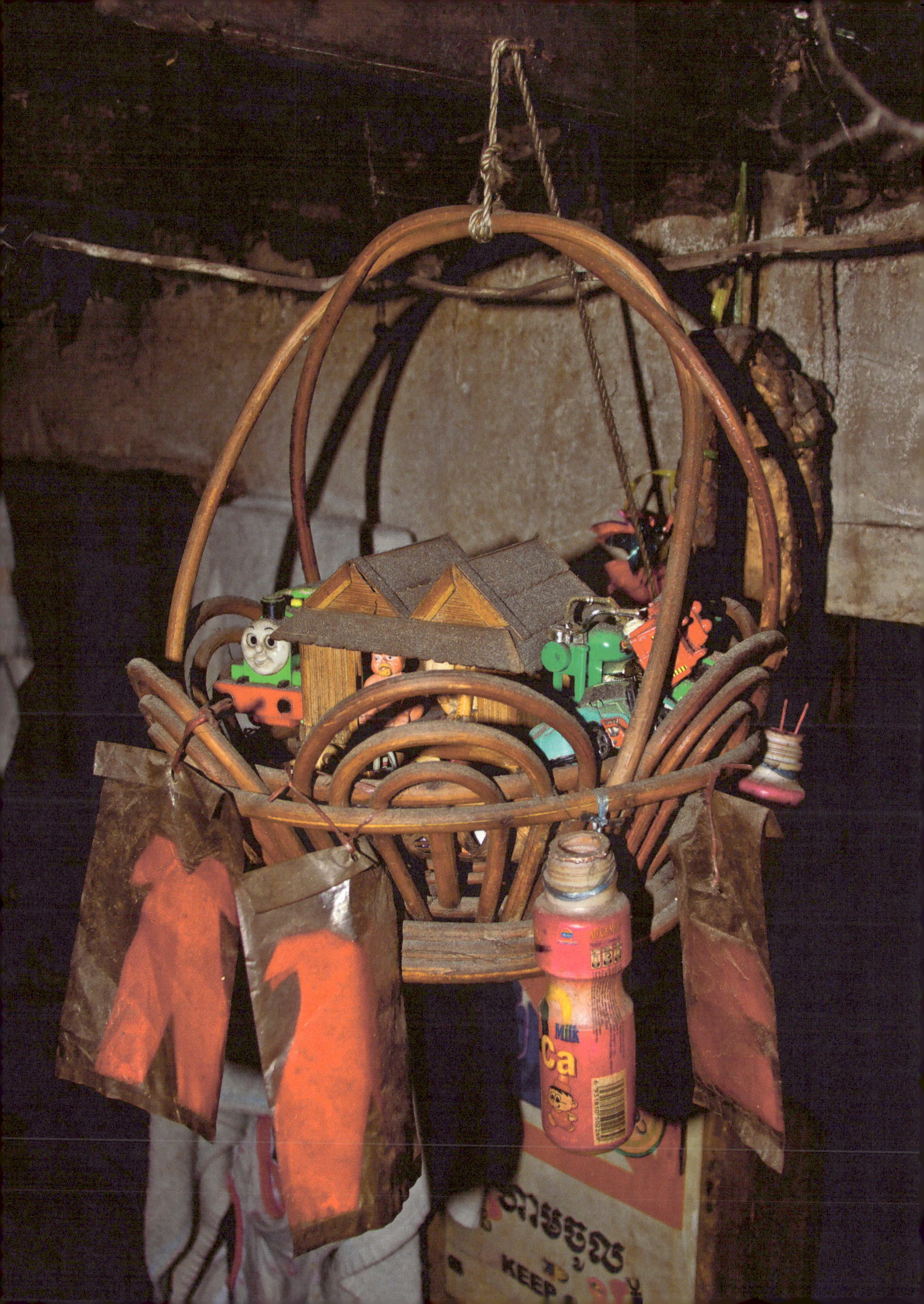
Milk
Ca
KEEP

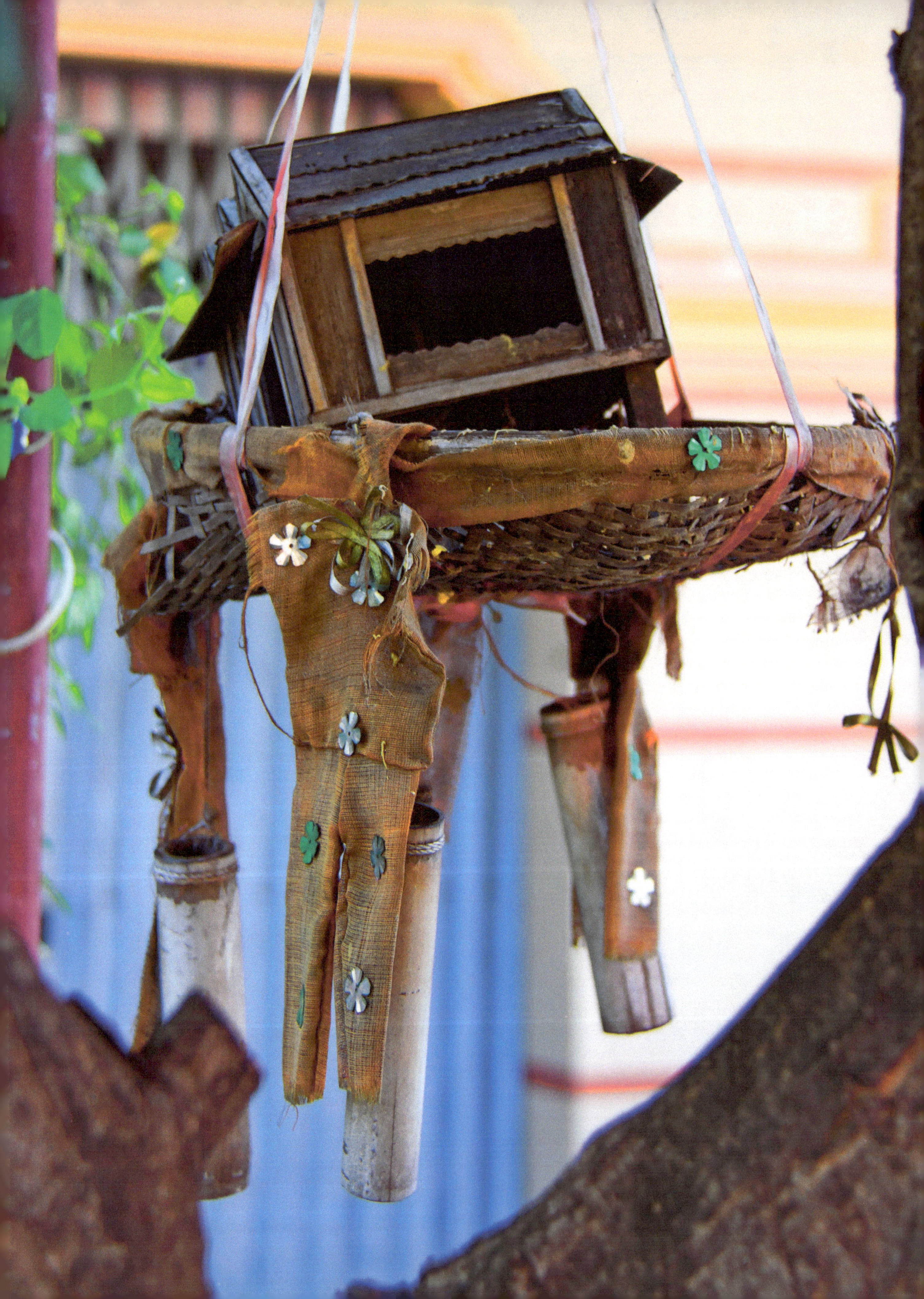

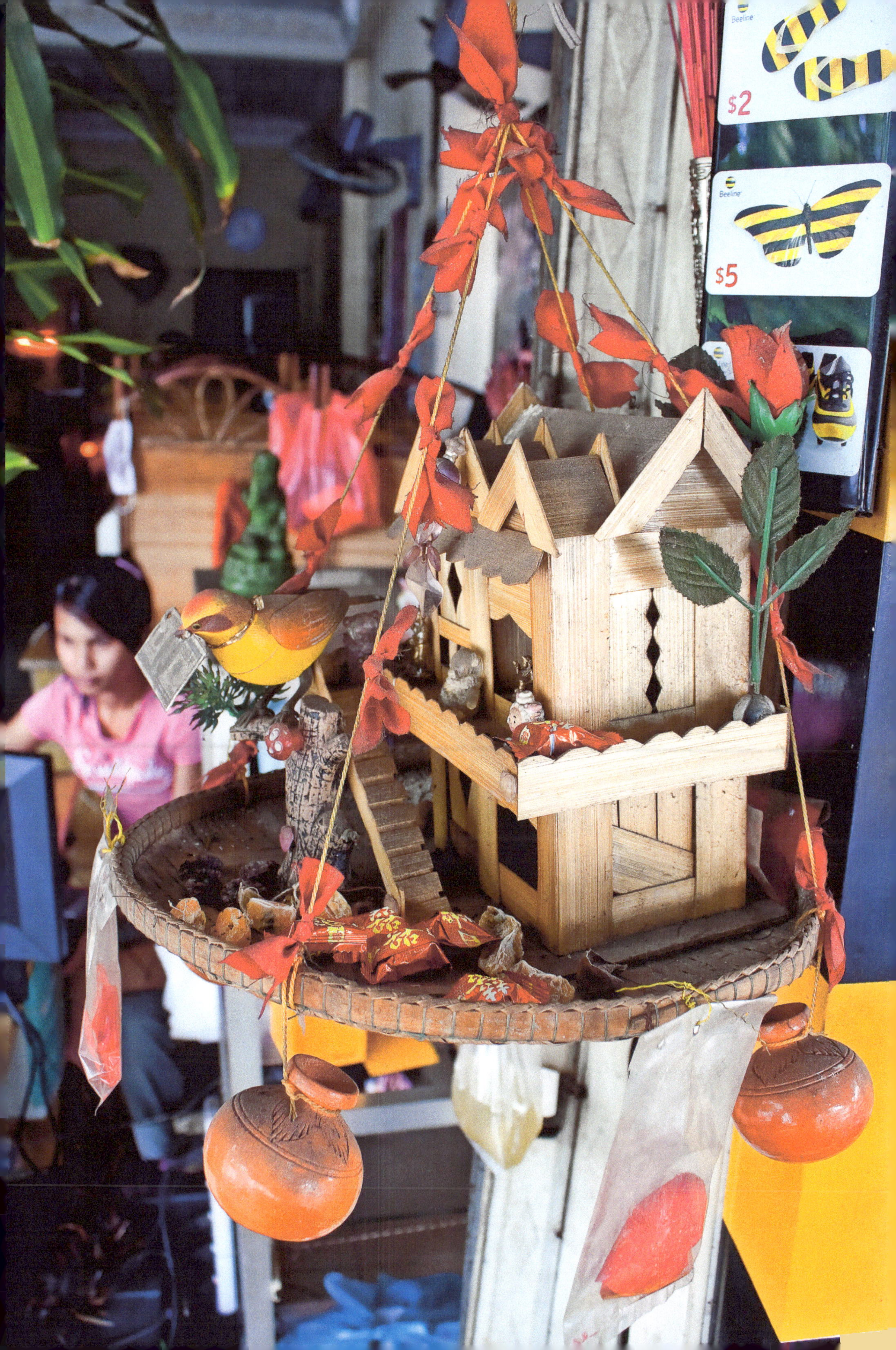
Beeline
$2
Beeline
$5

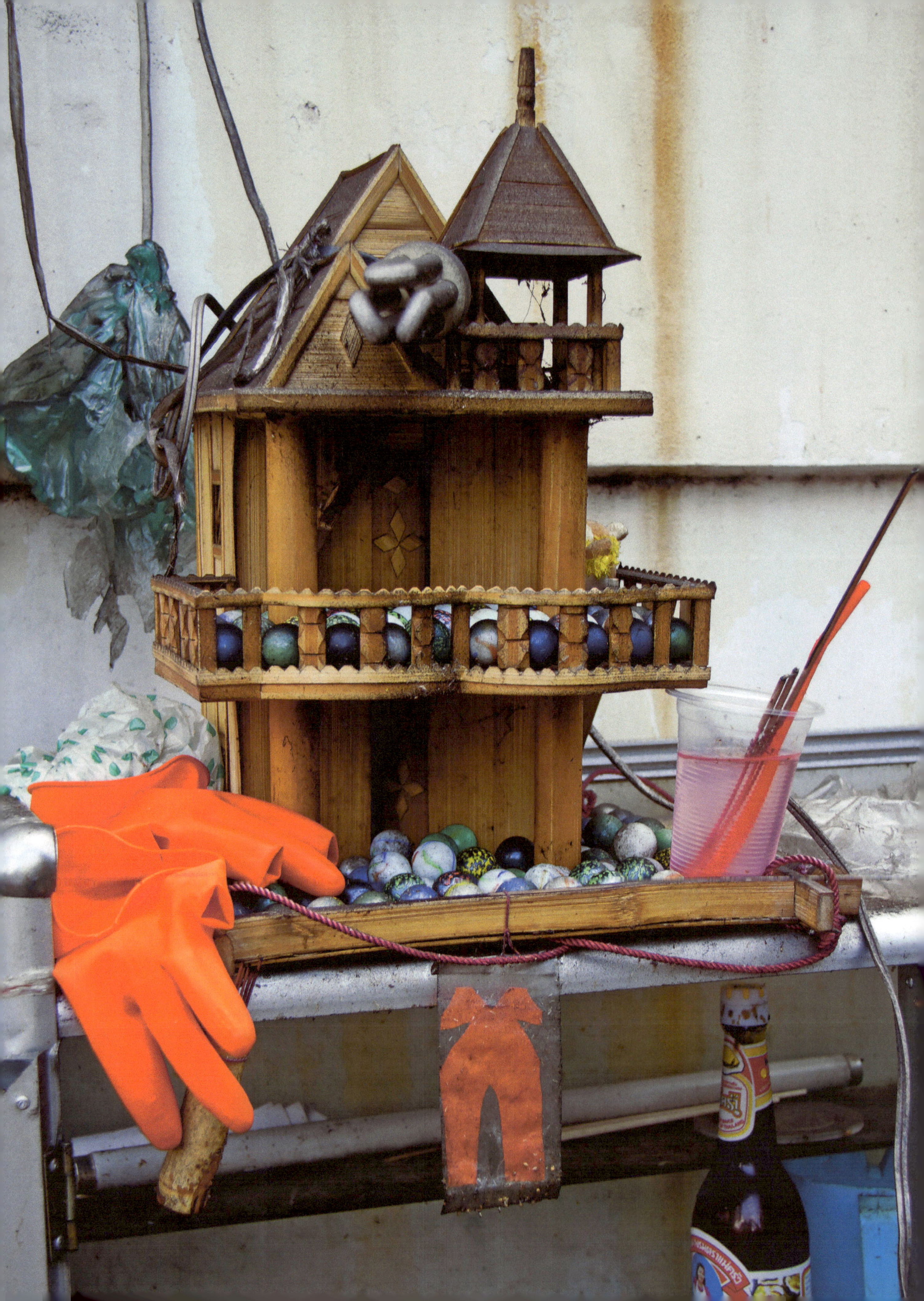

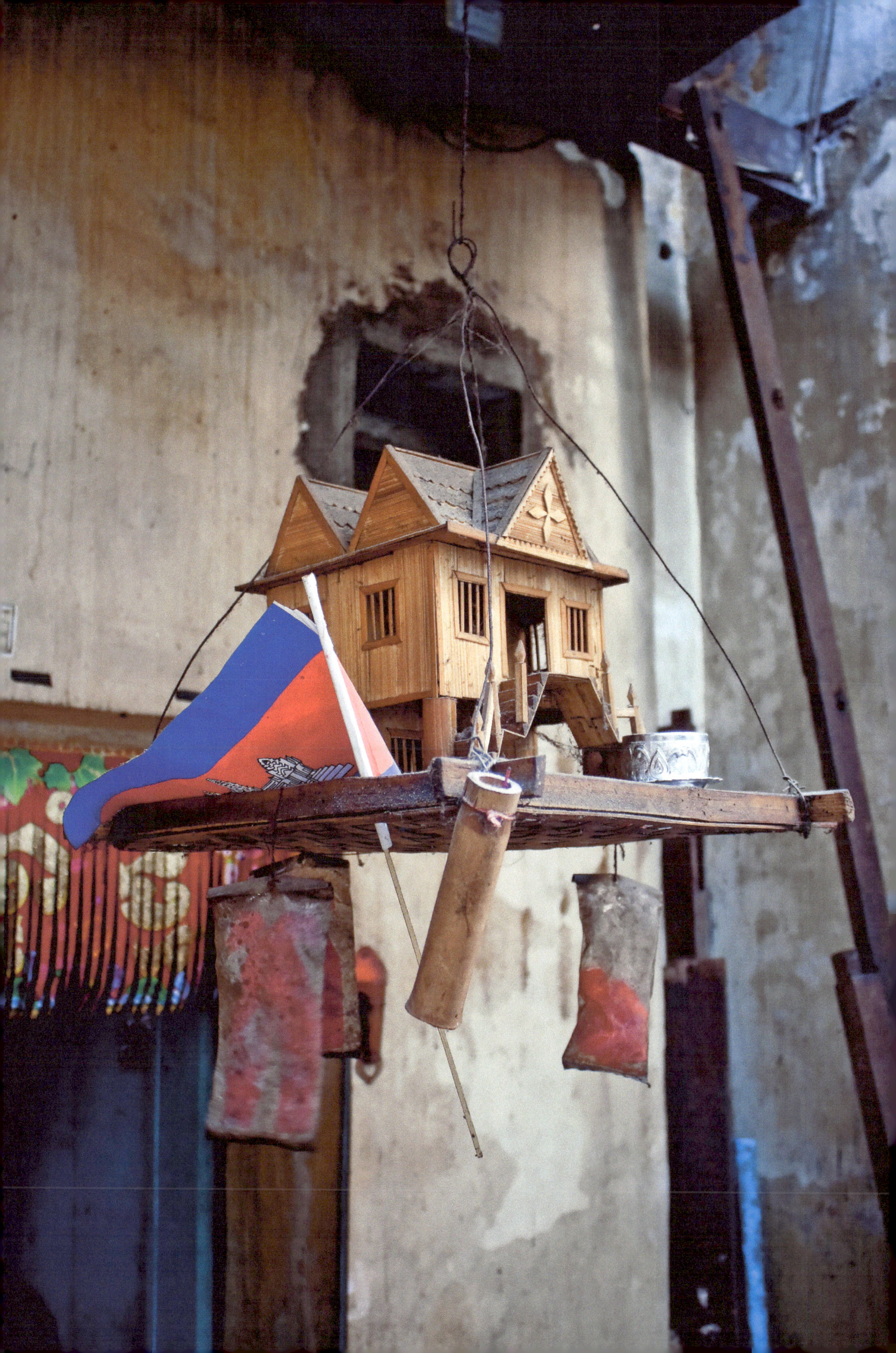

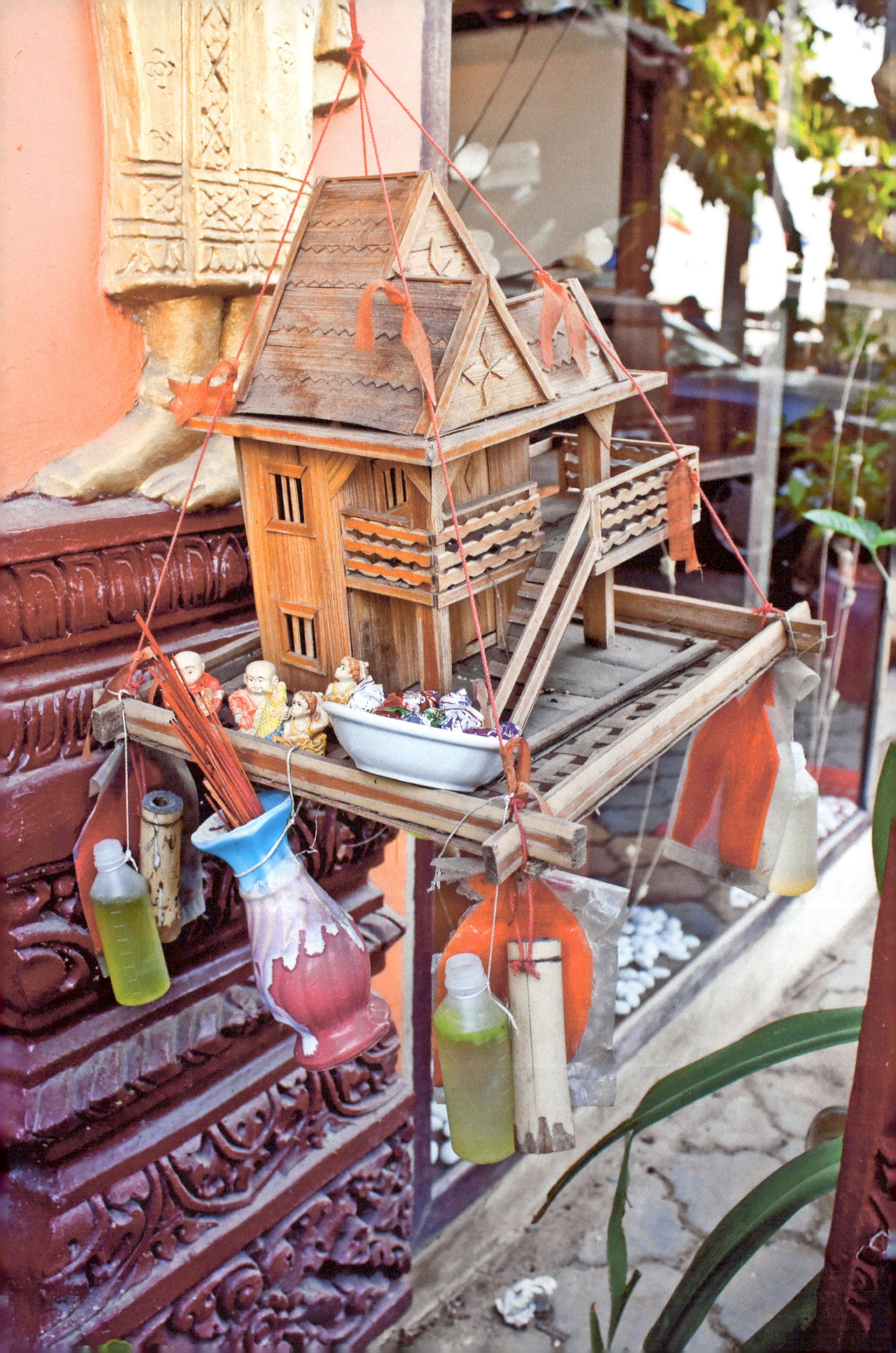

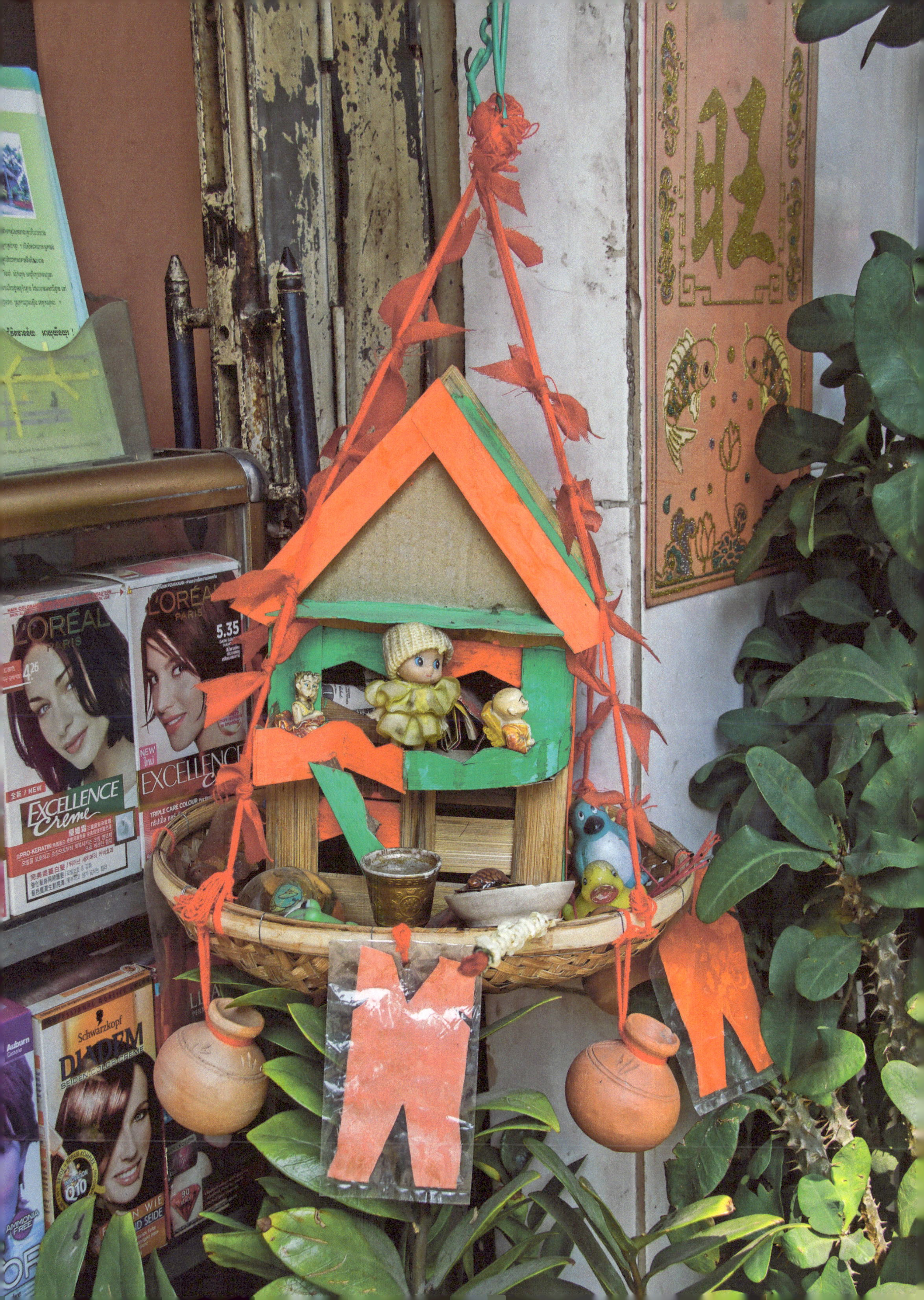

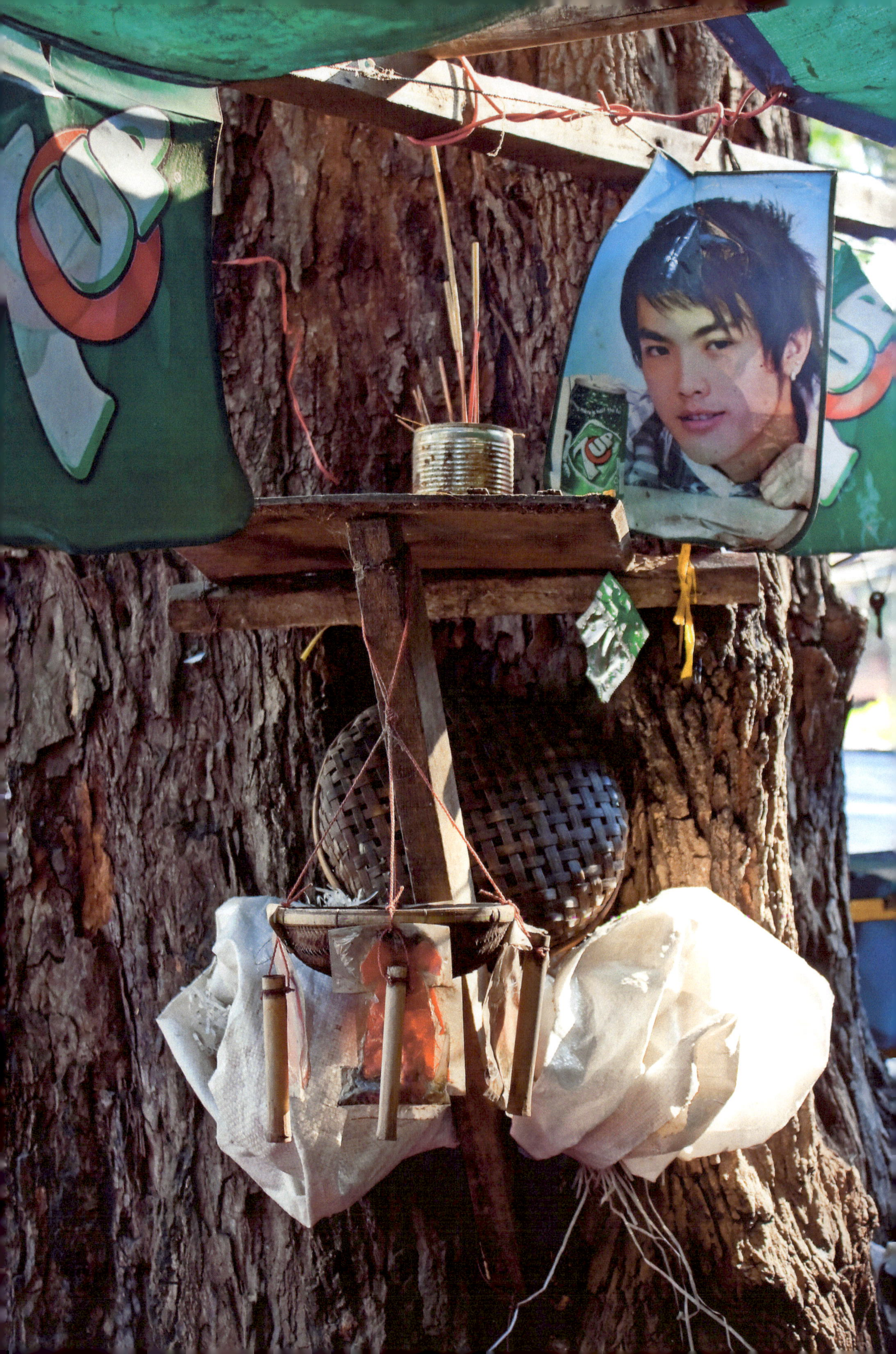

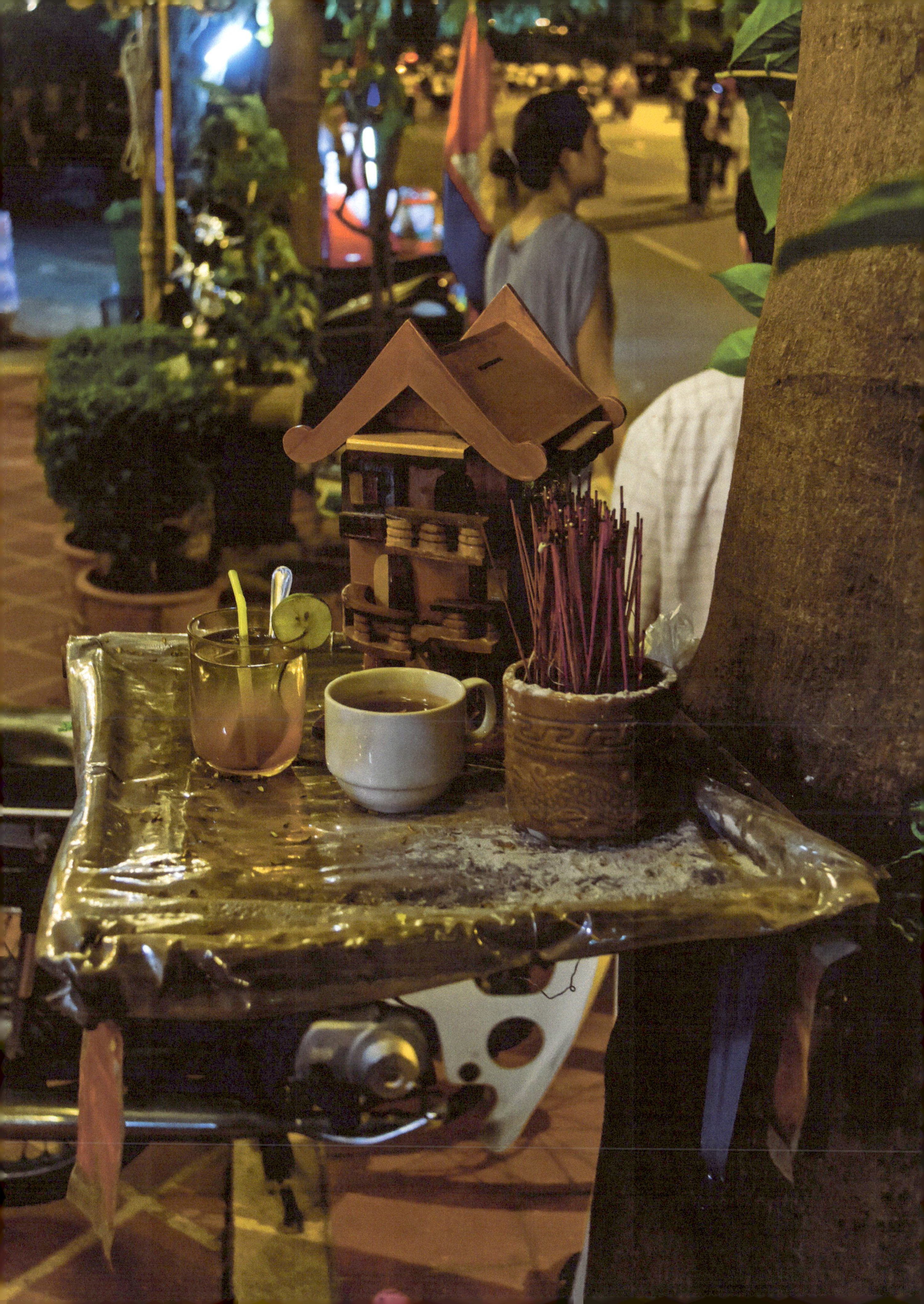

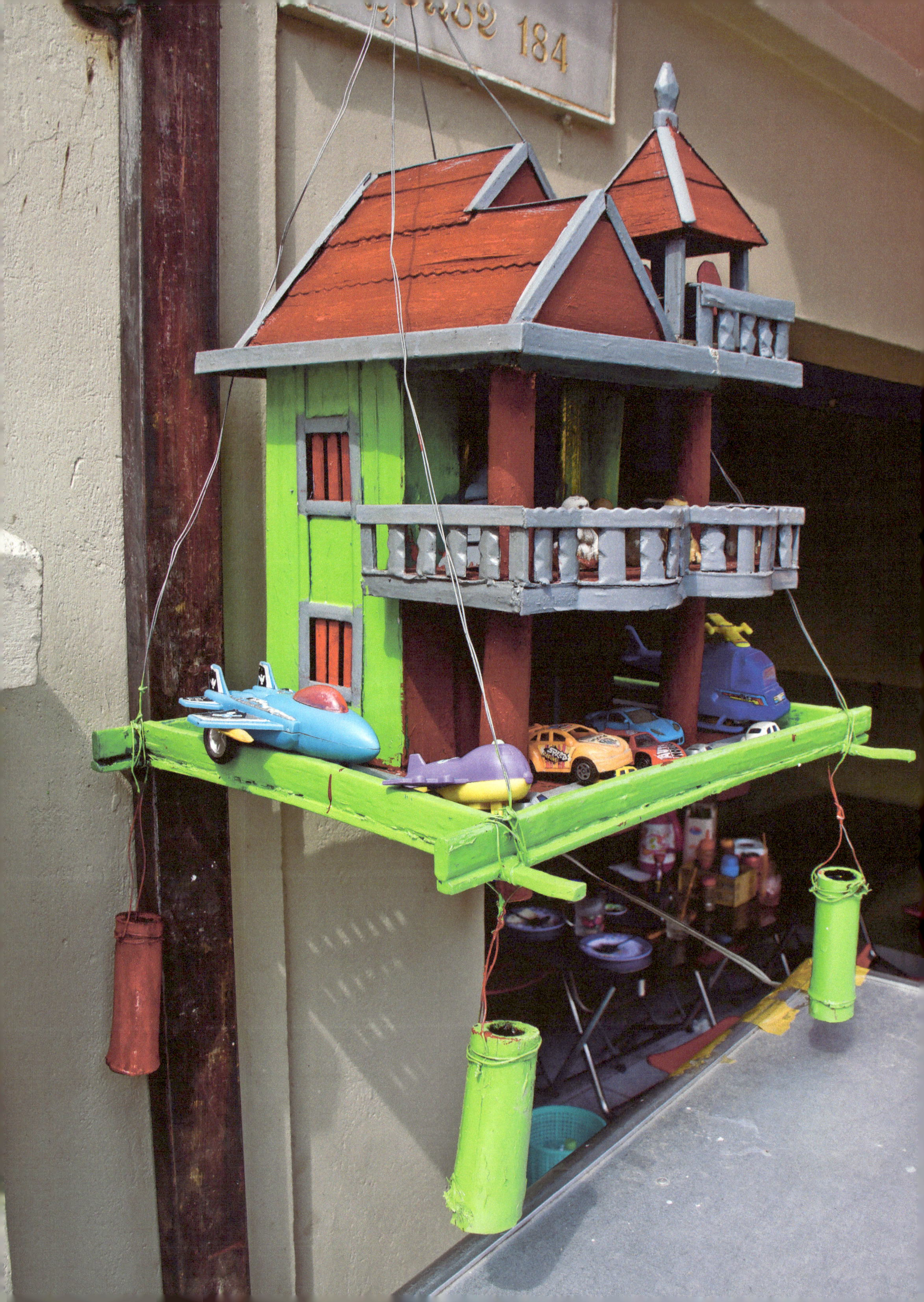
184

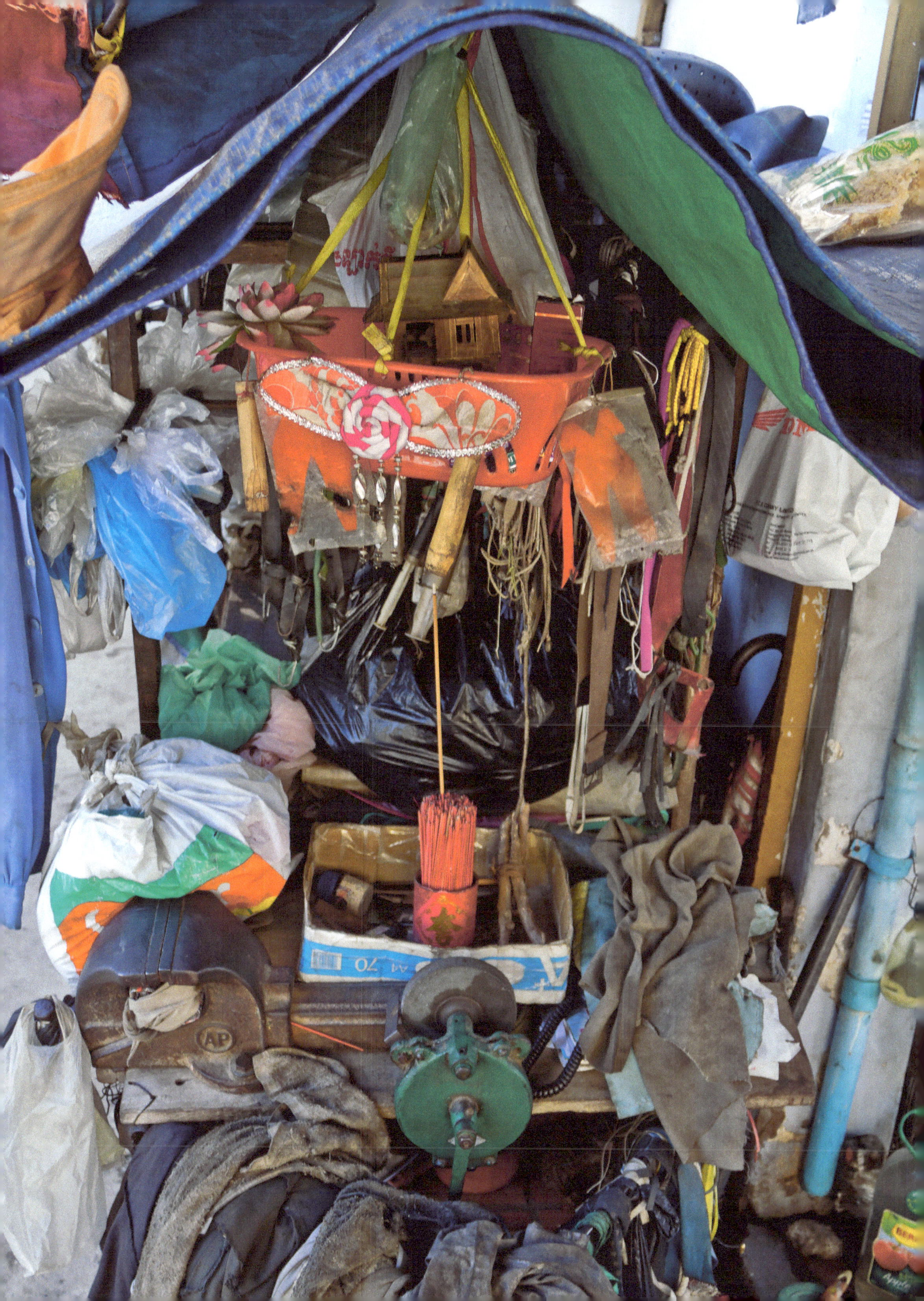

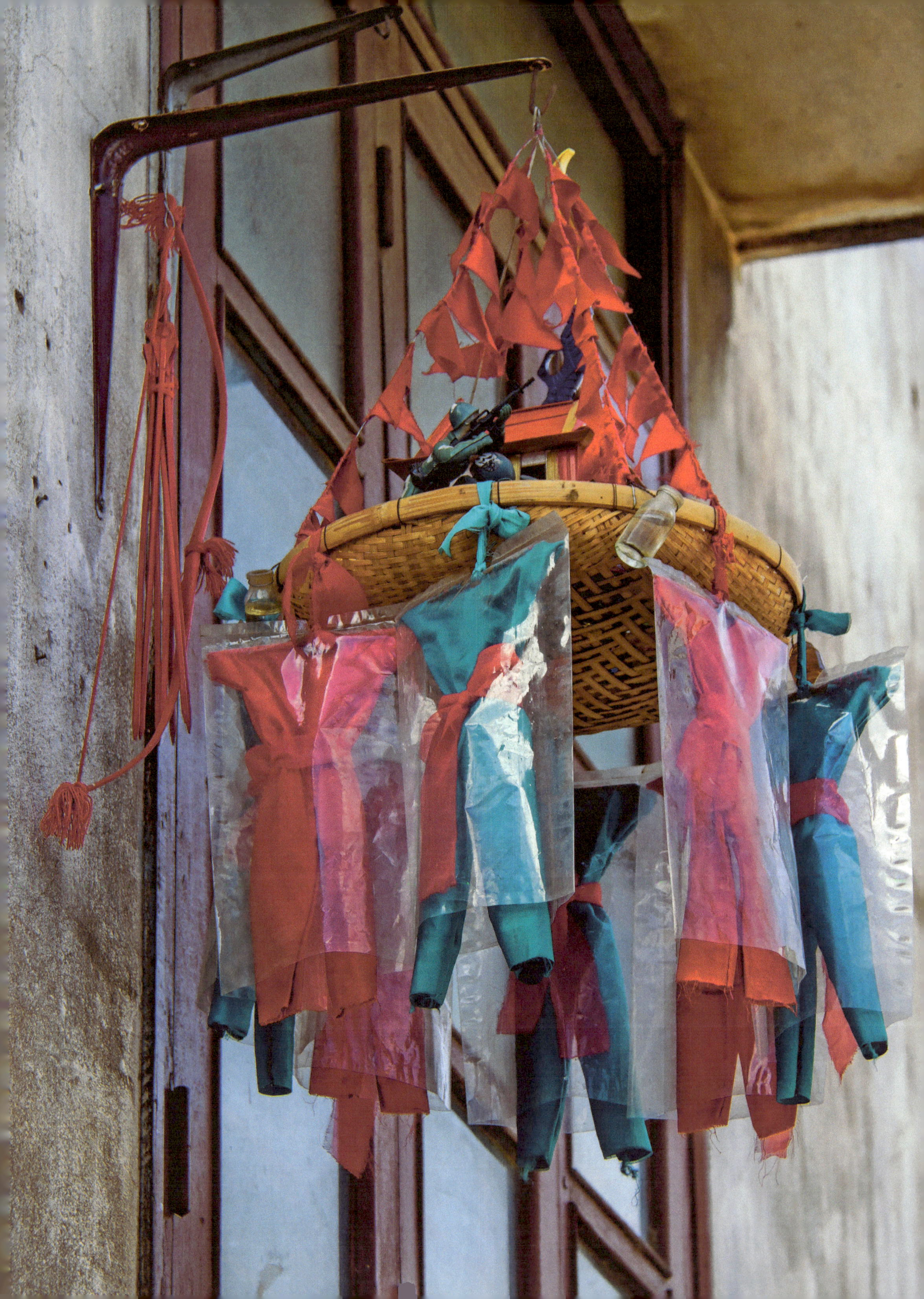

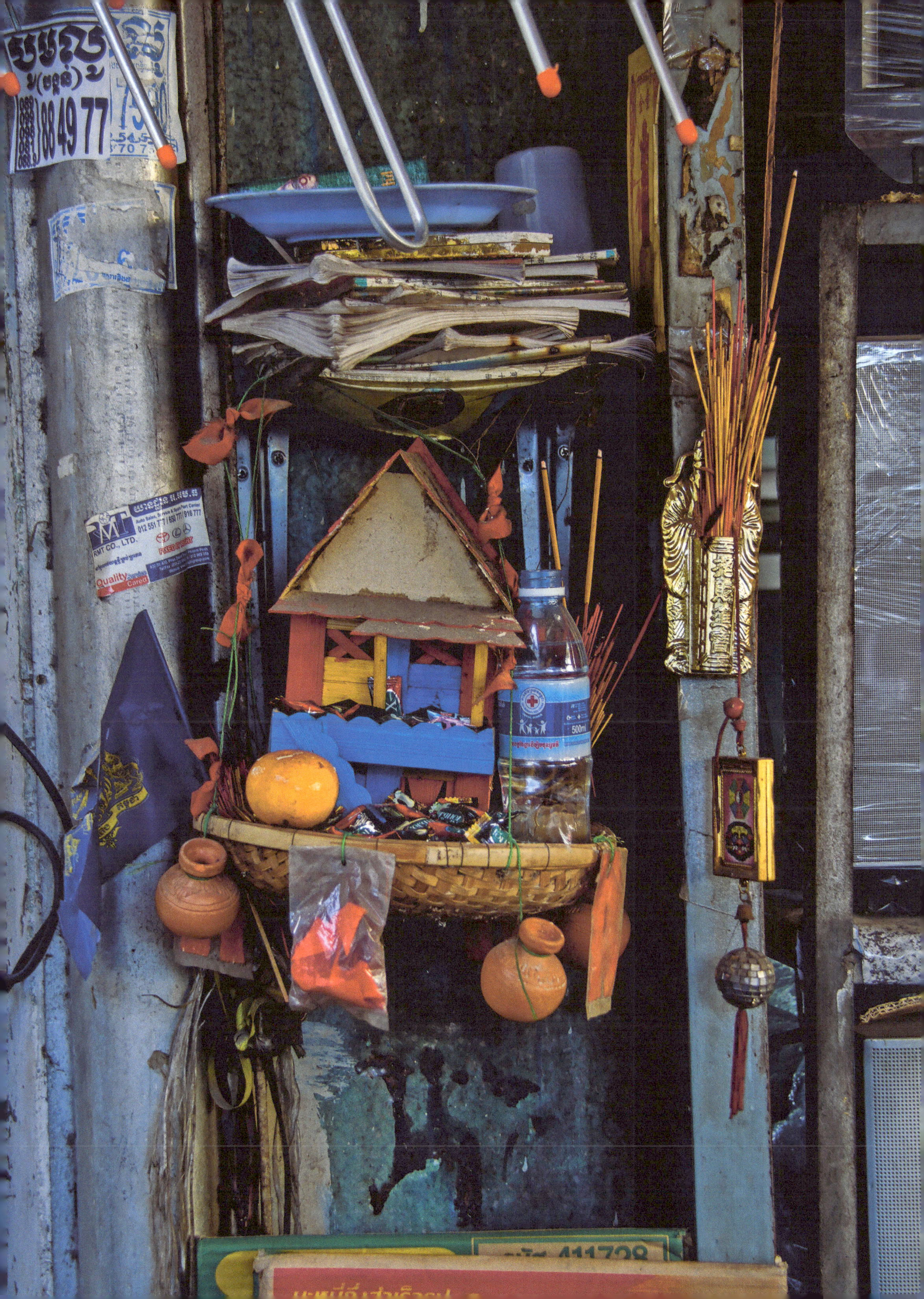

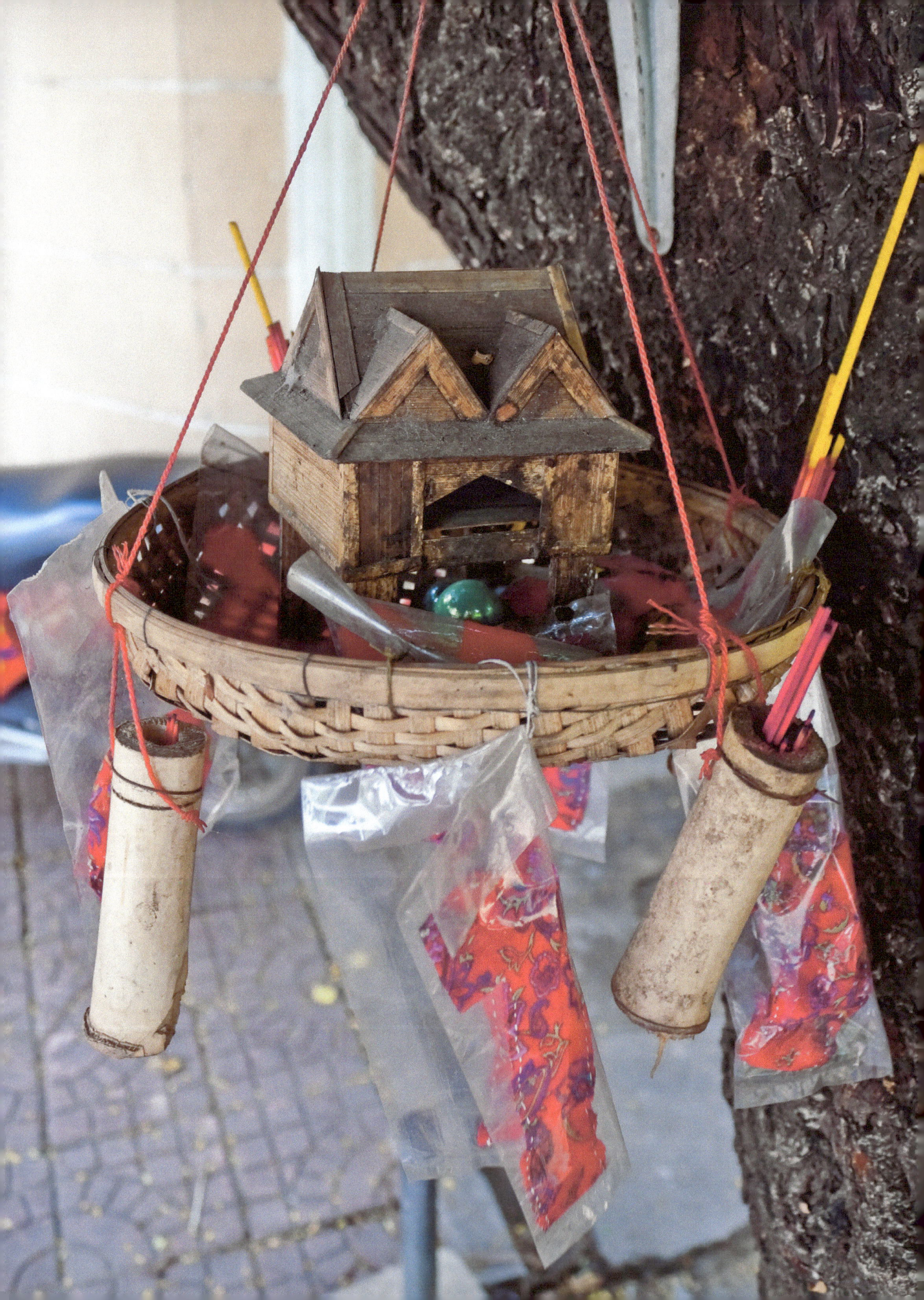

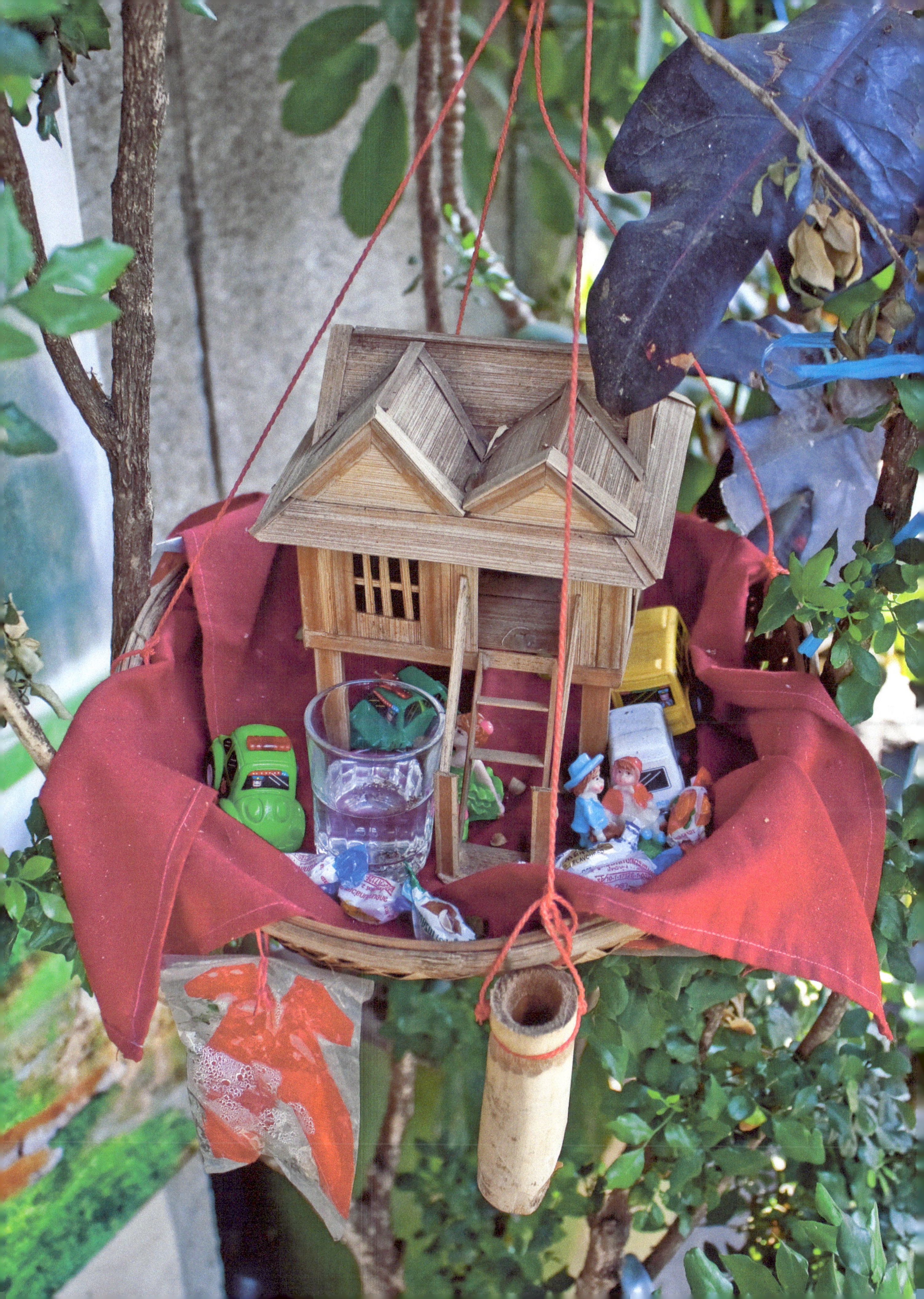

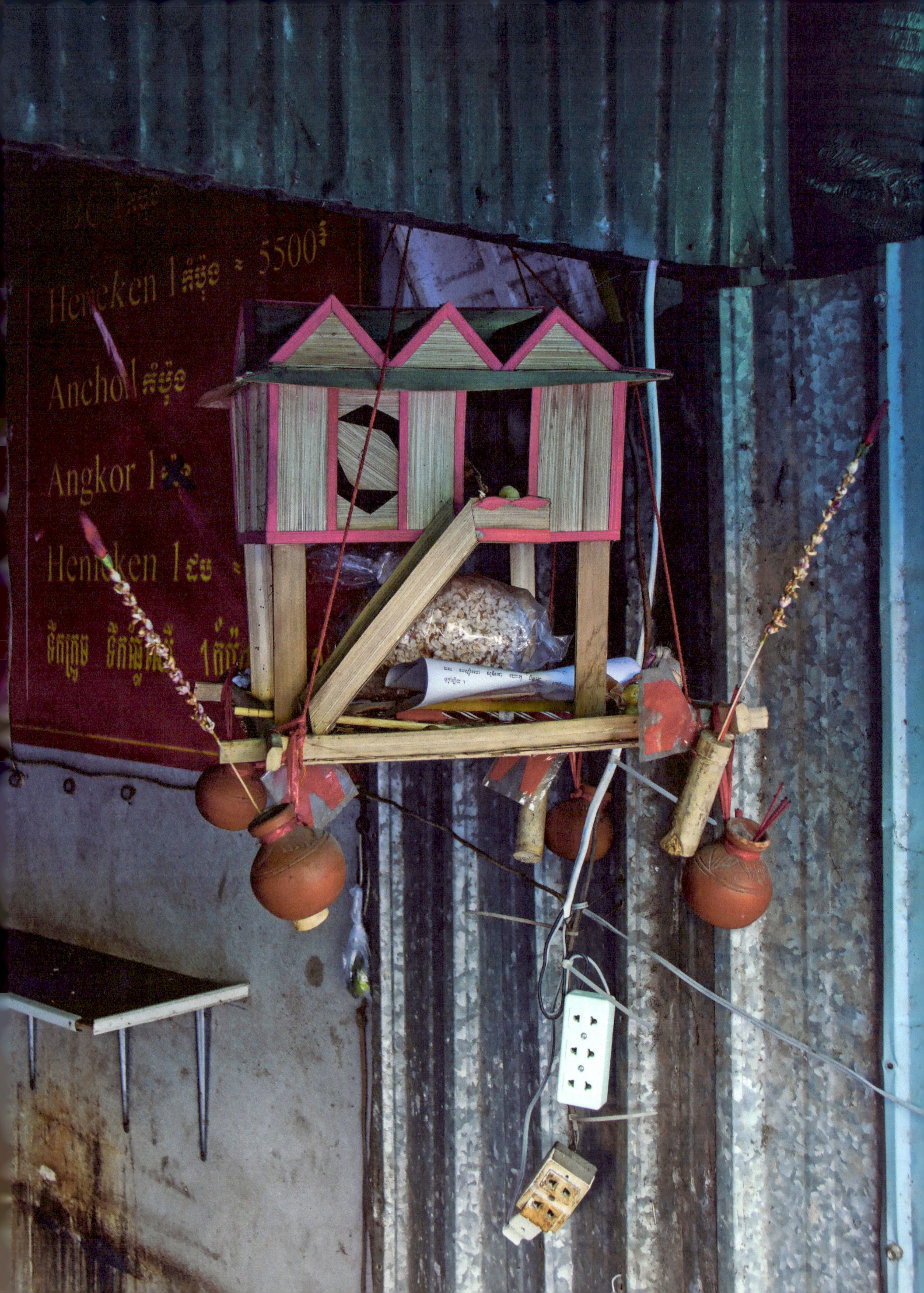
Heneken 1 កំប៉ុង = 5500៛
Anchor 1 កំប៉ុង
Angkor 1
Heneken 1 ដប
ទឹកក្រូច  ទឹកឈ្នួស  1កំប៉ុ

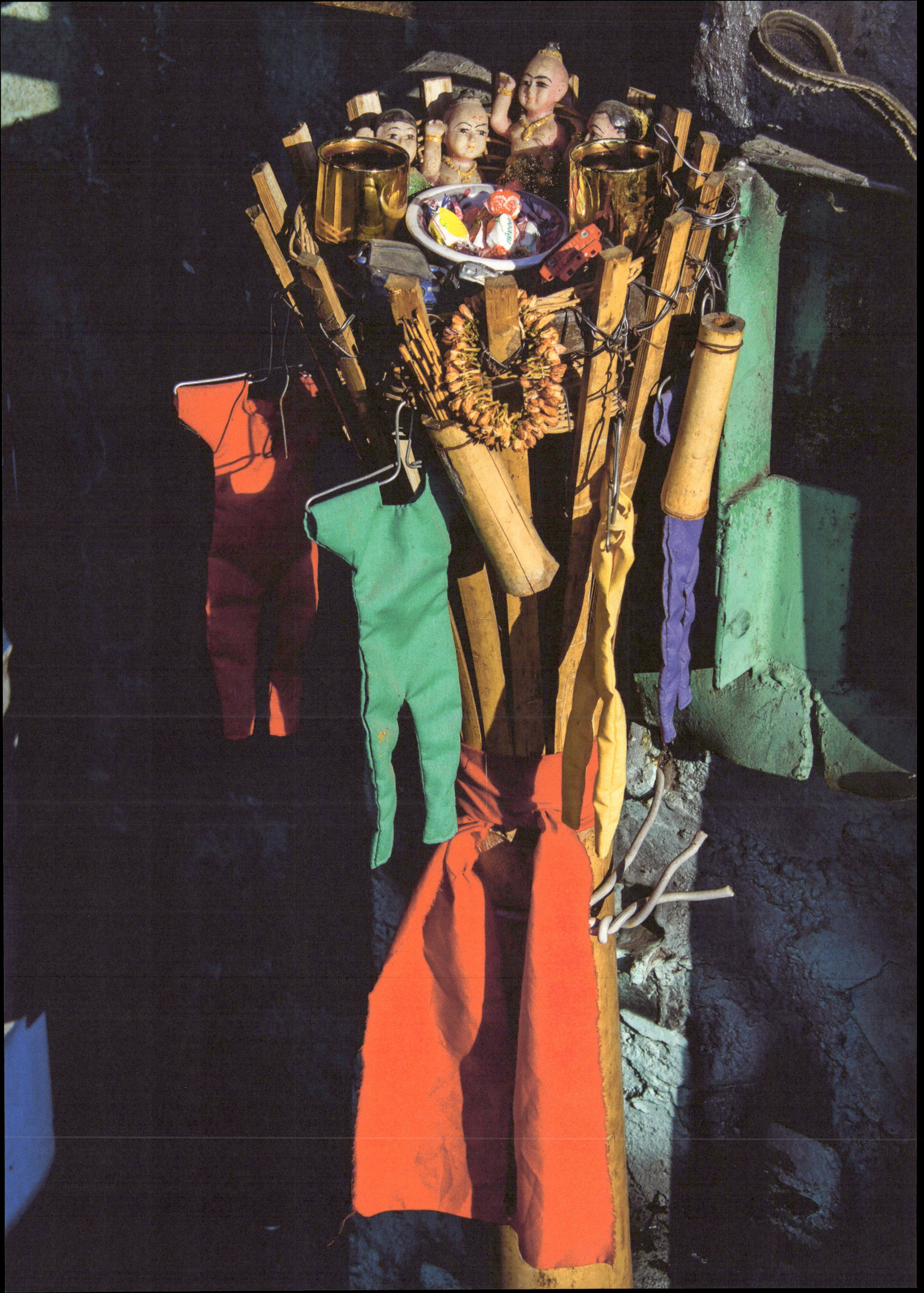

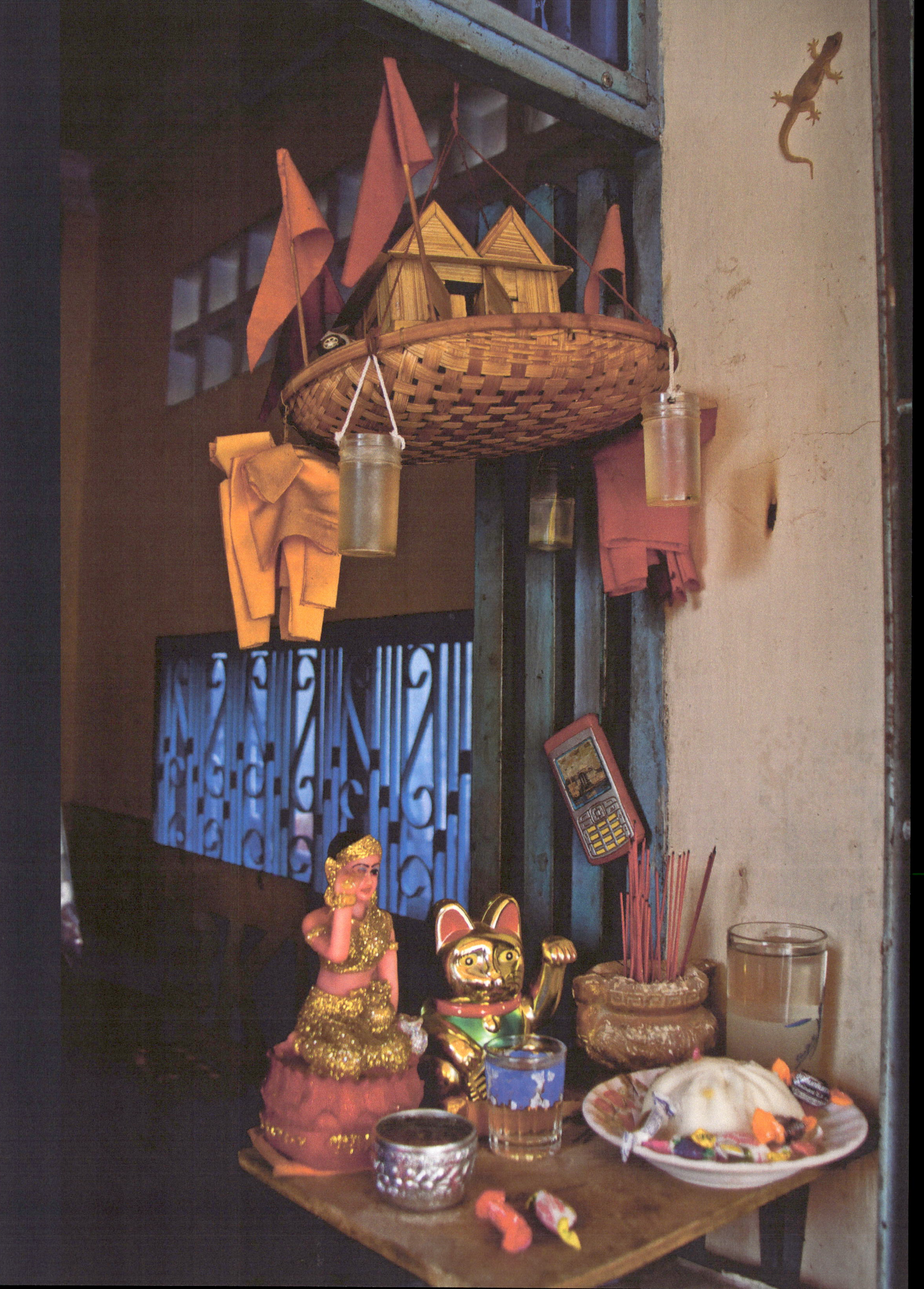

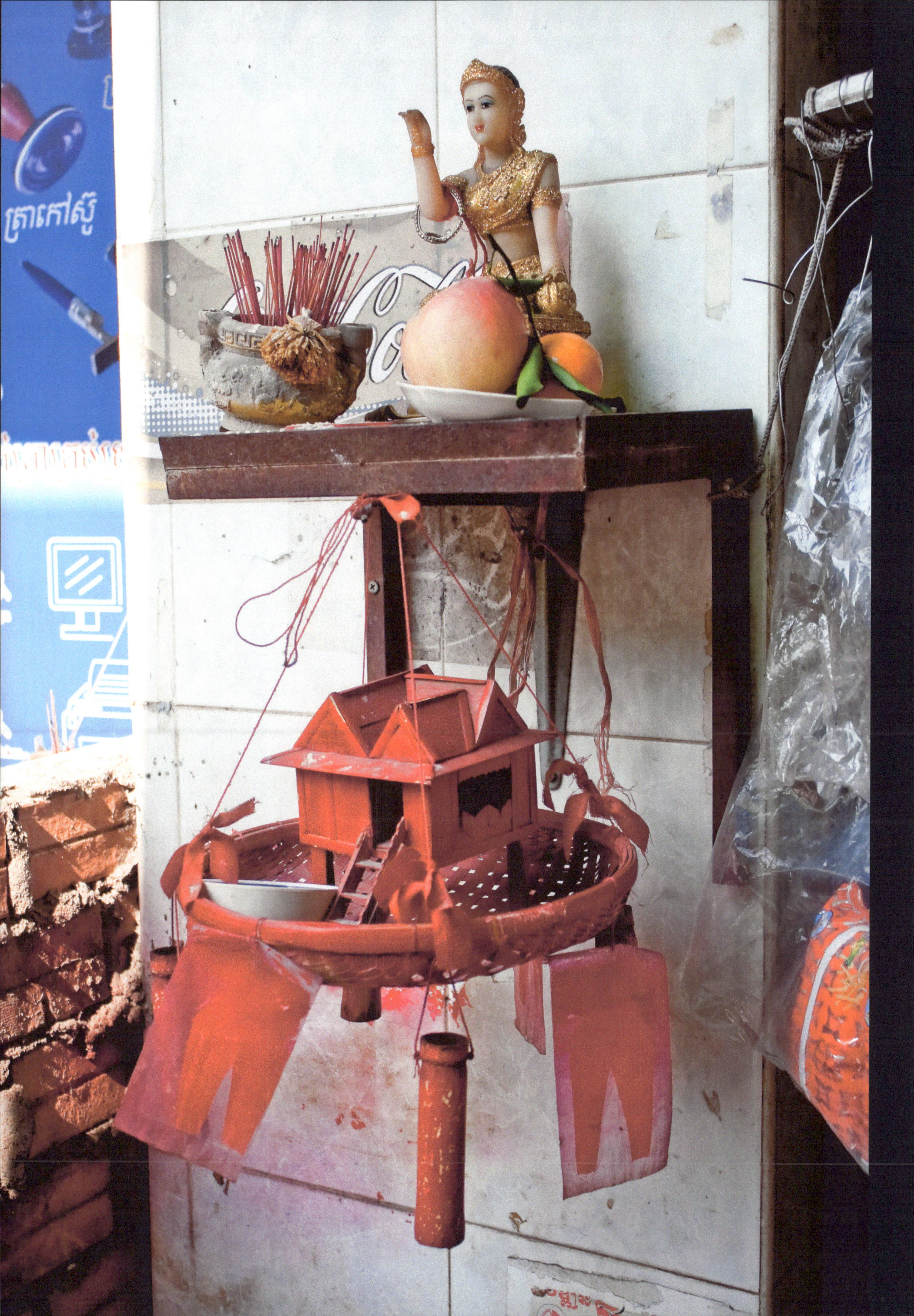

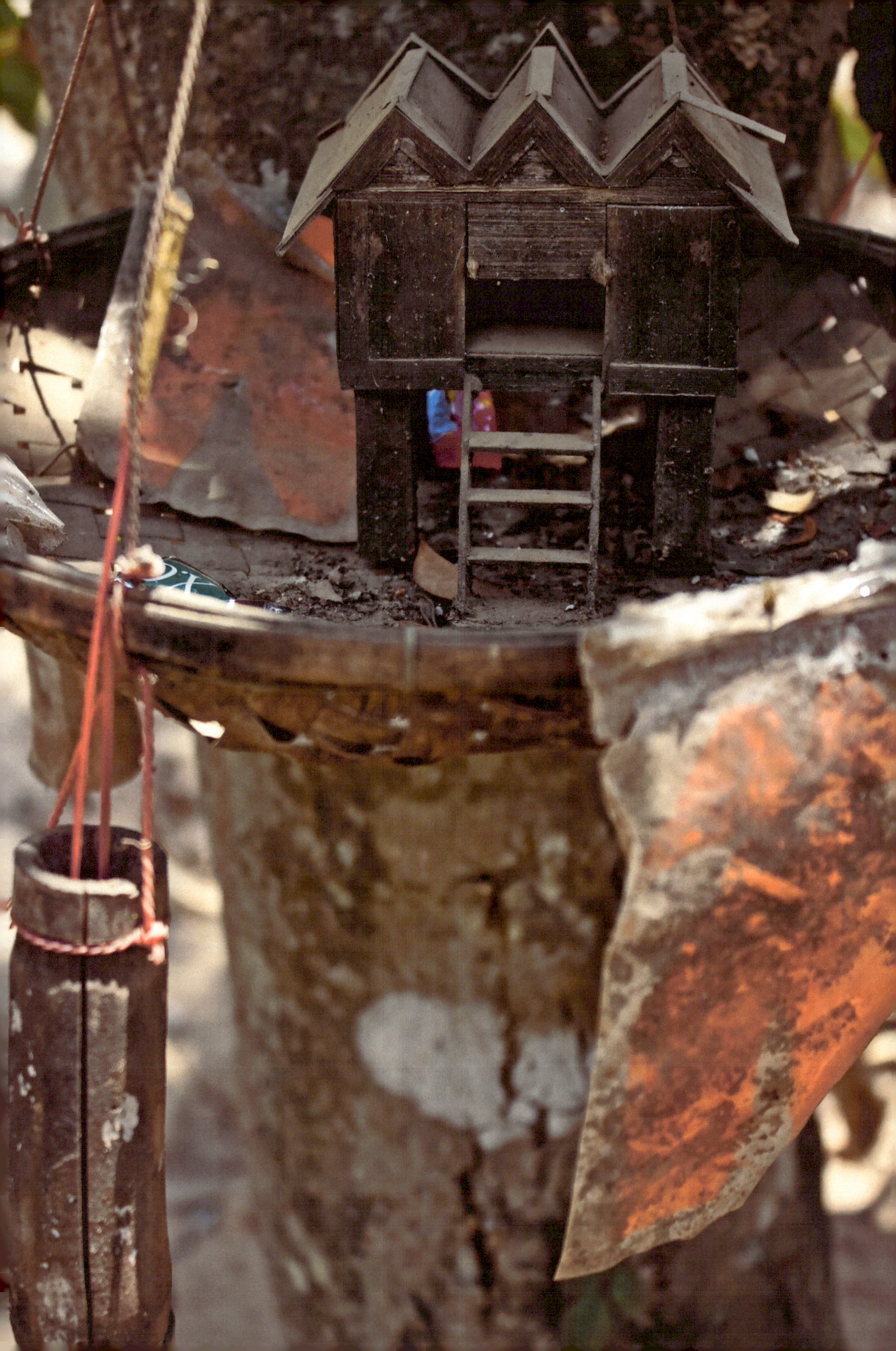

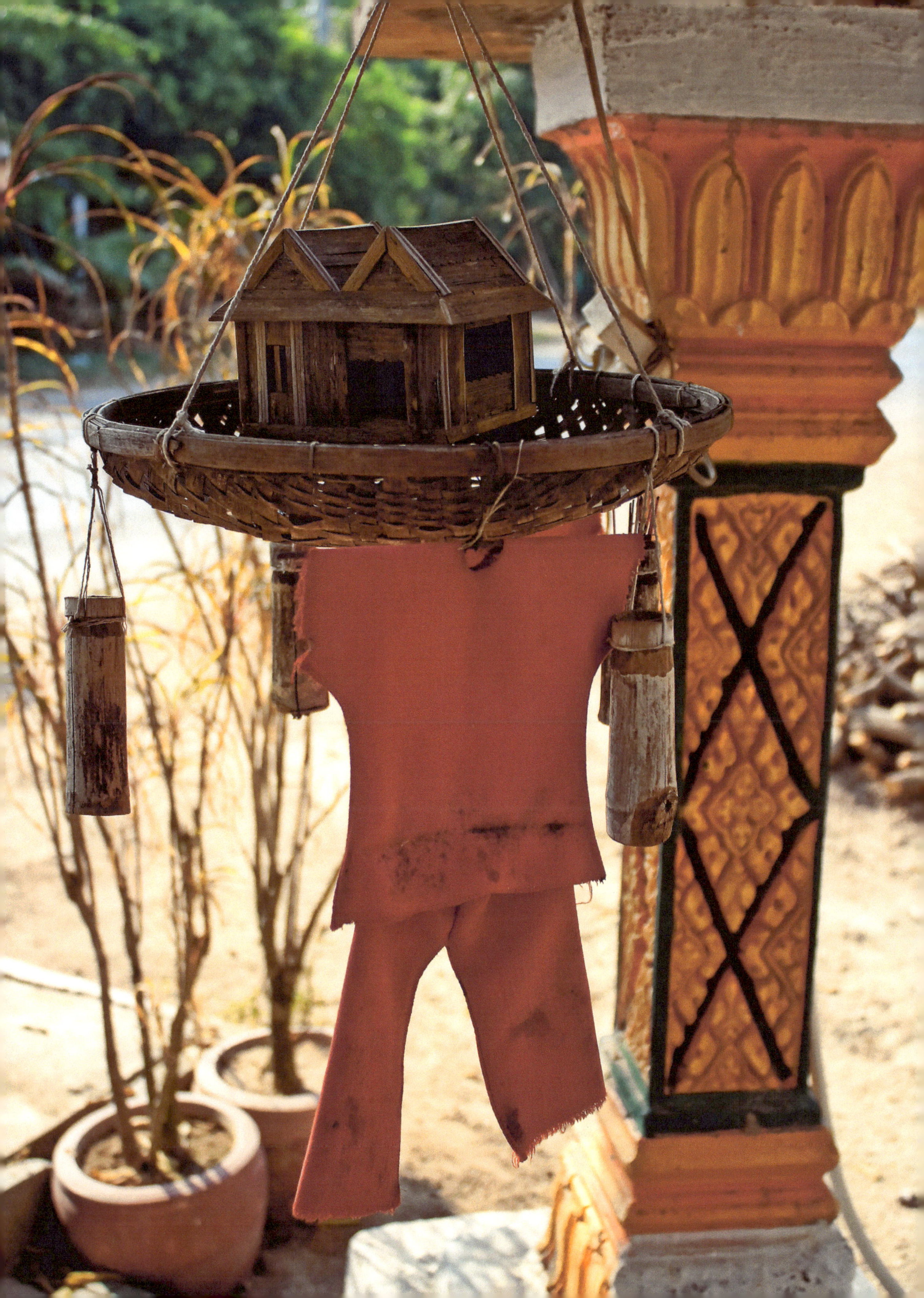

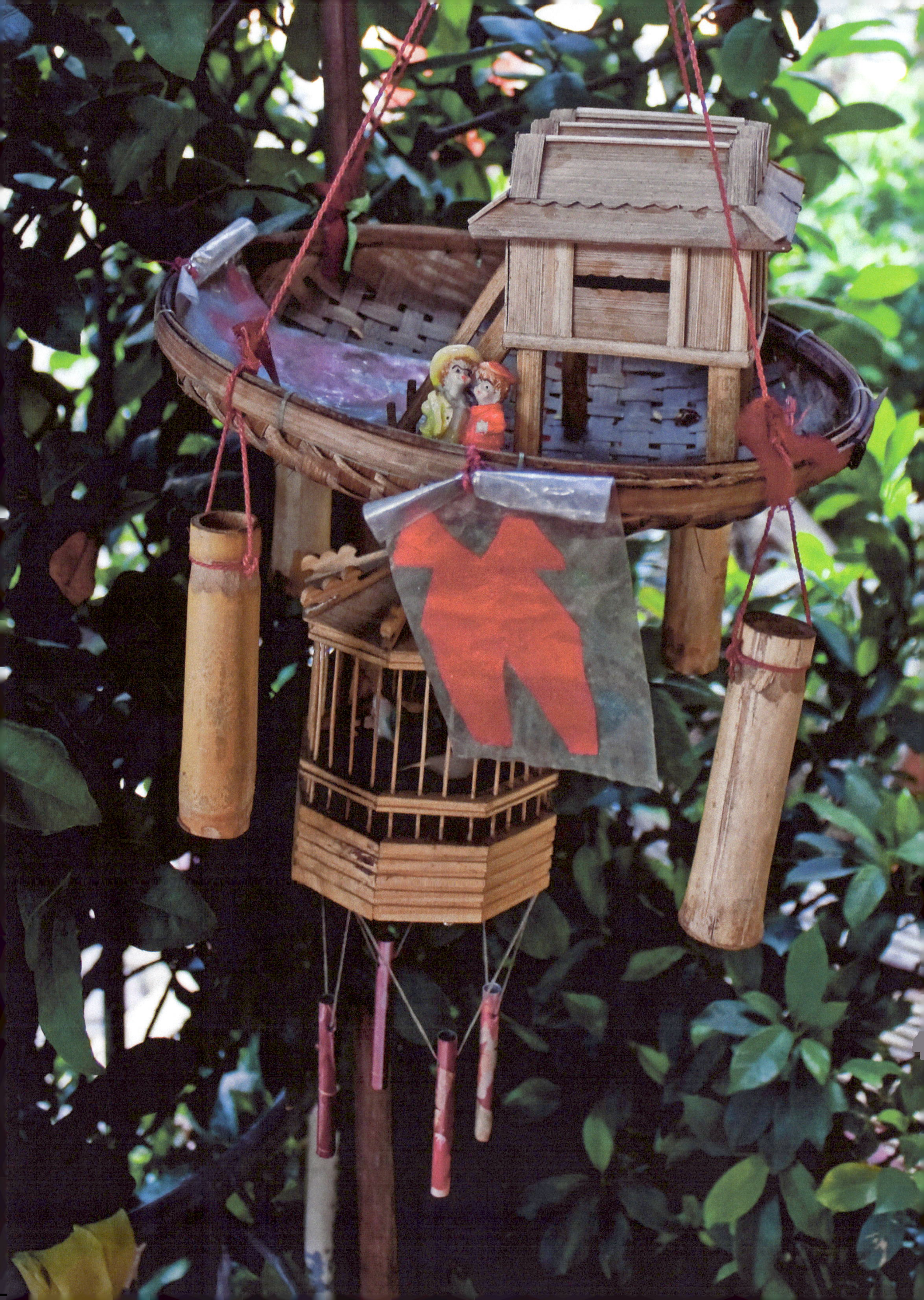

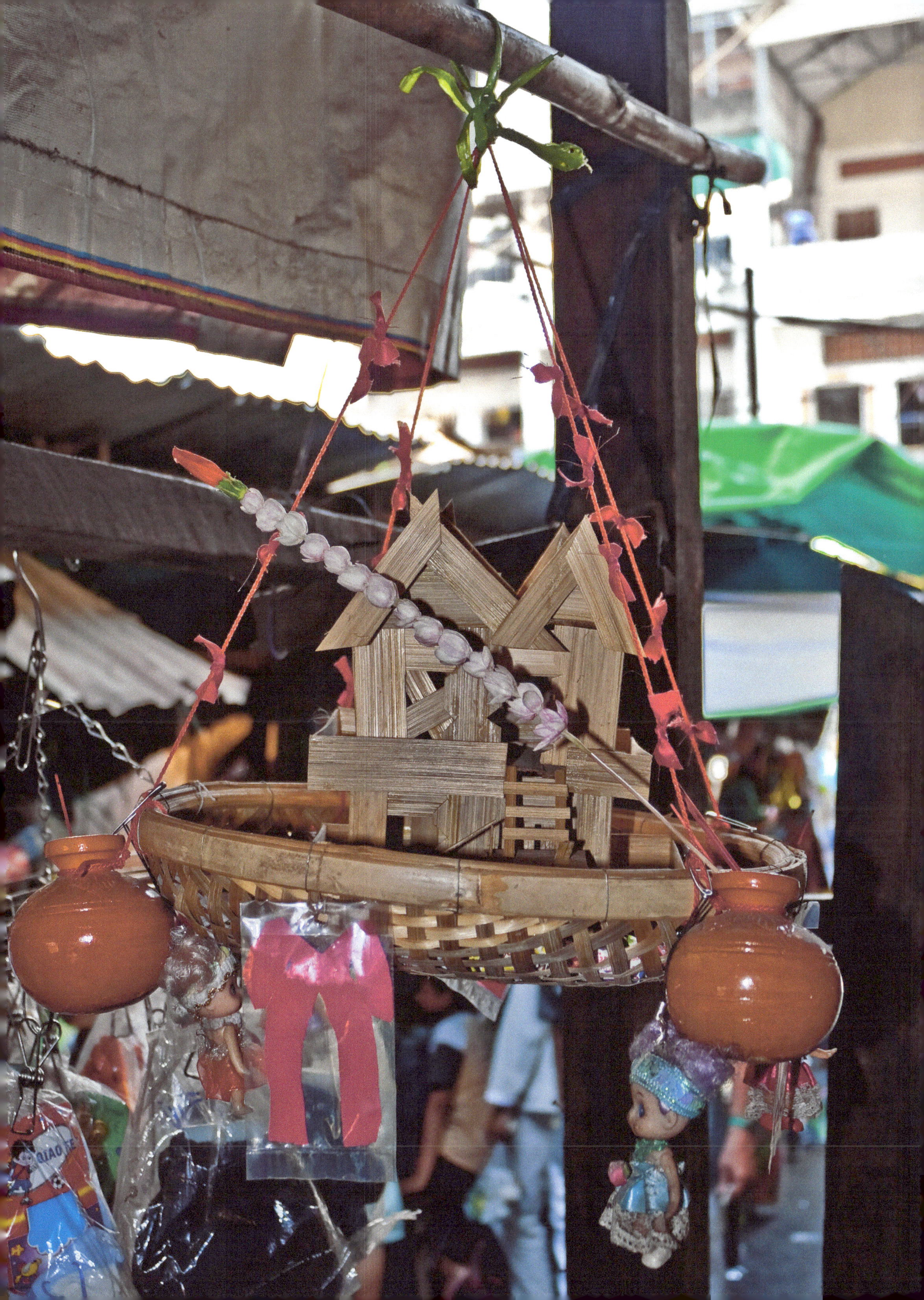

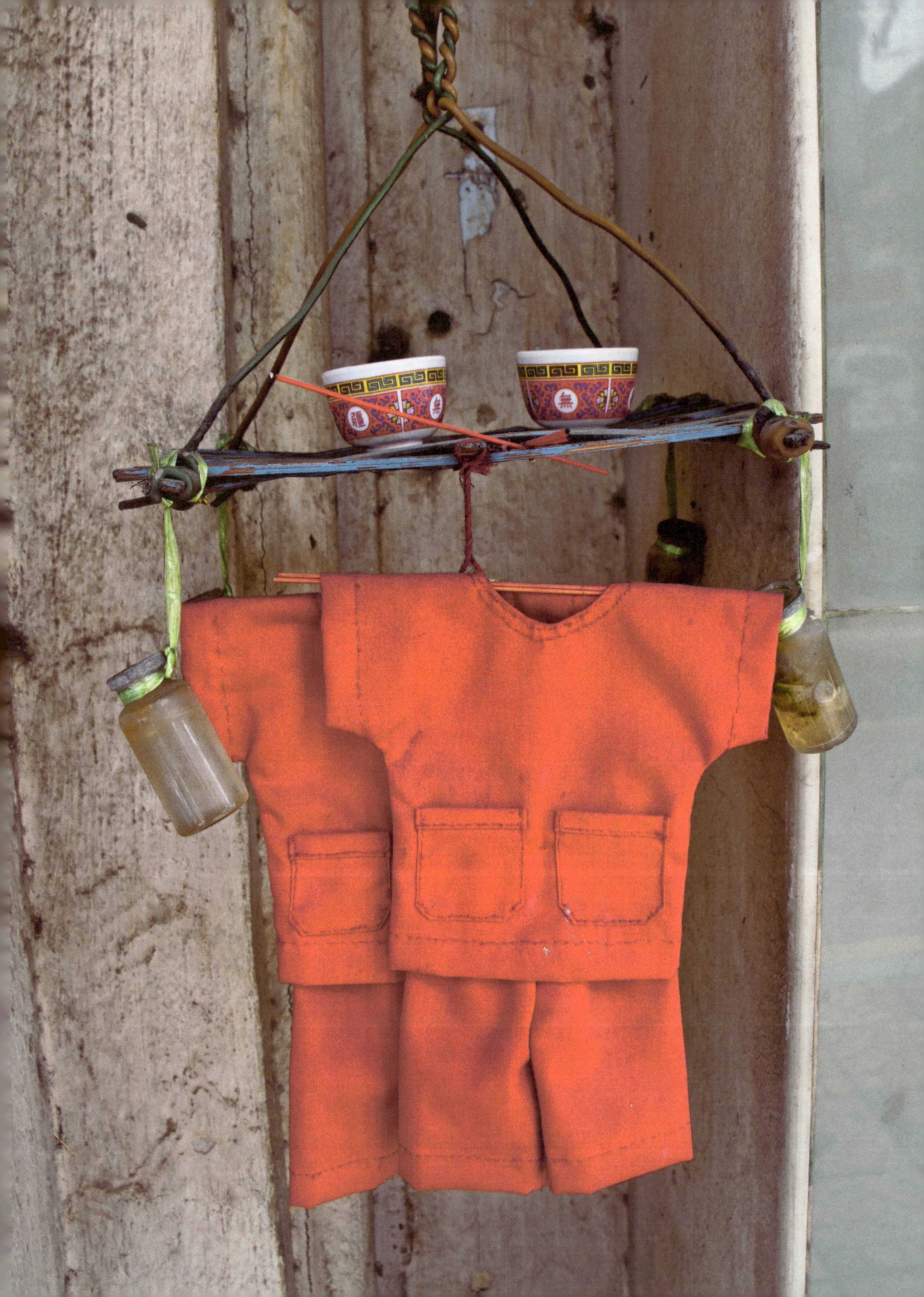

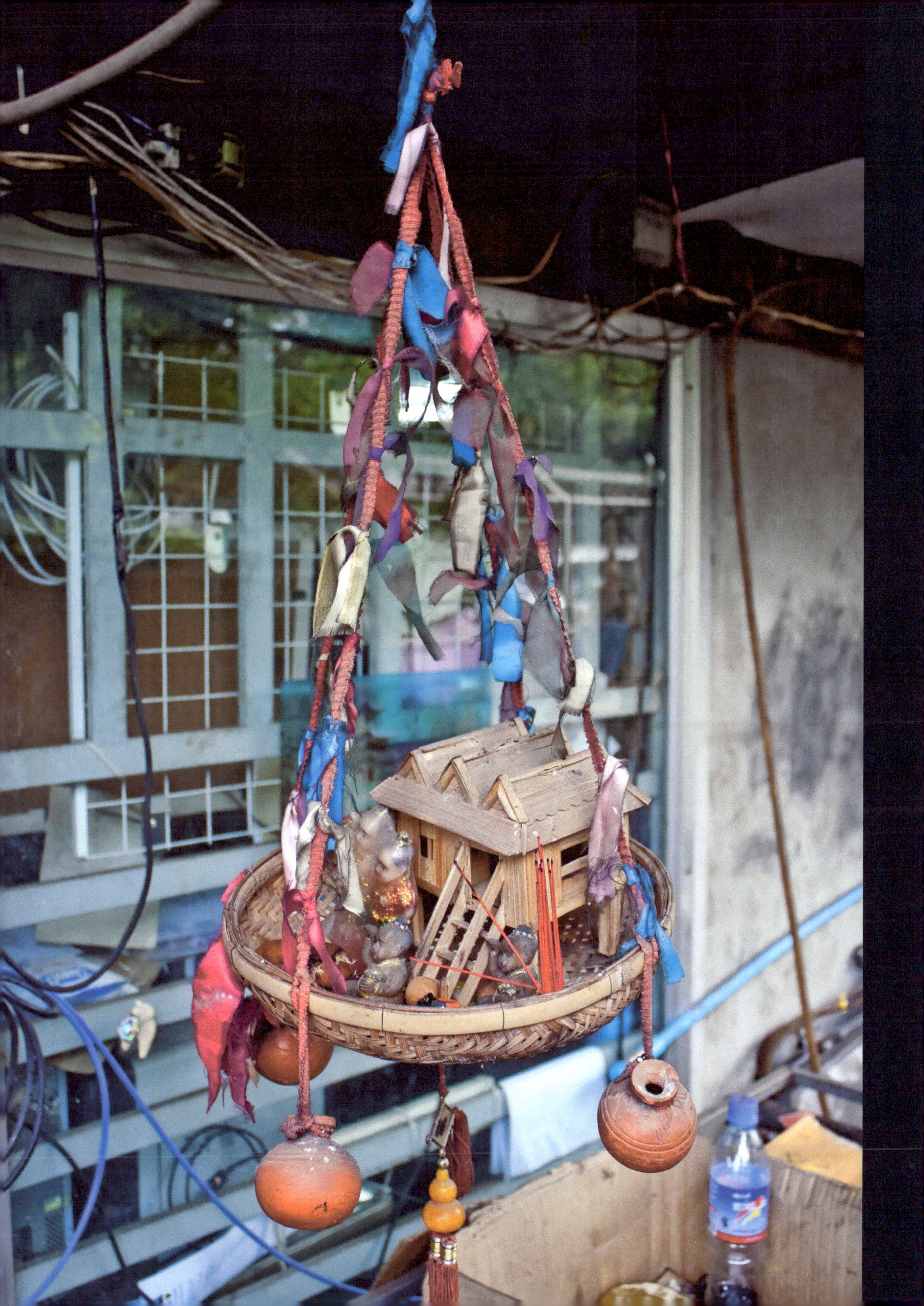

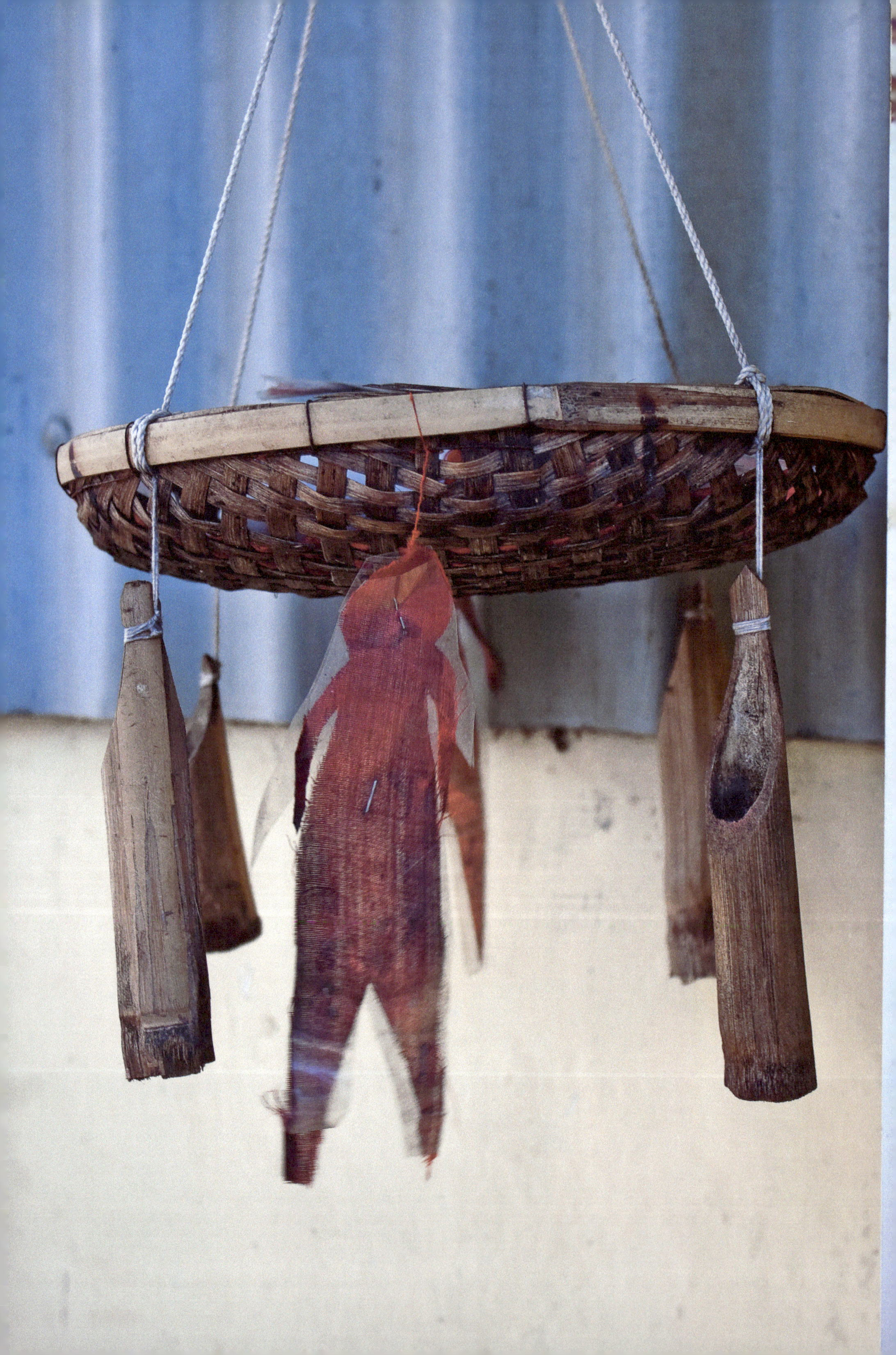

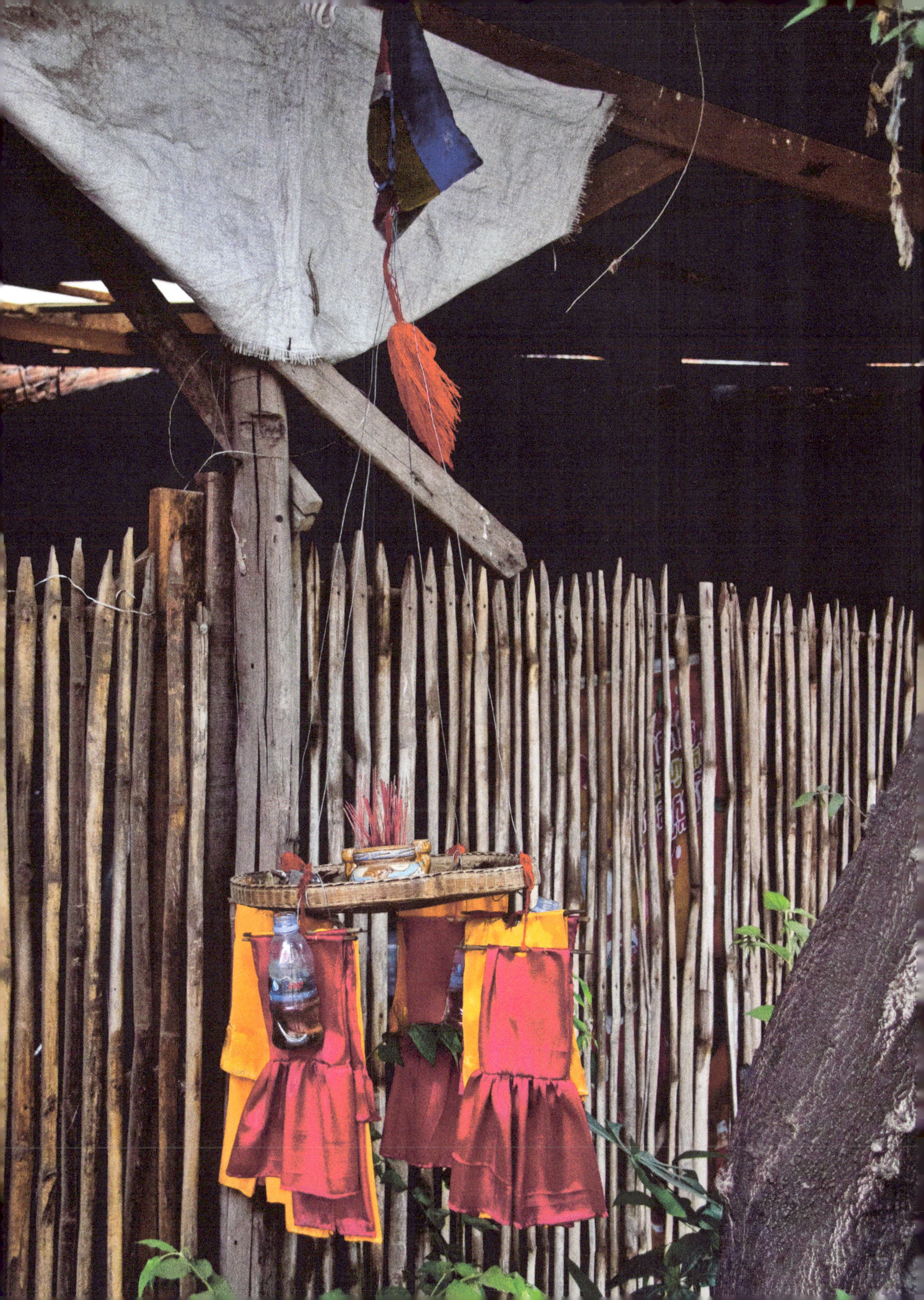

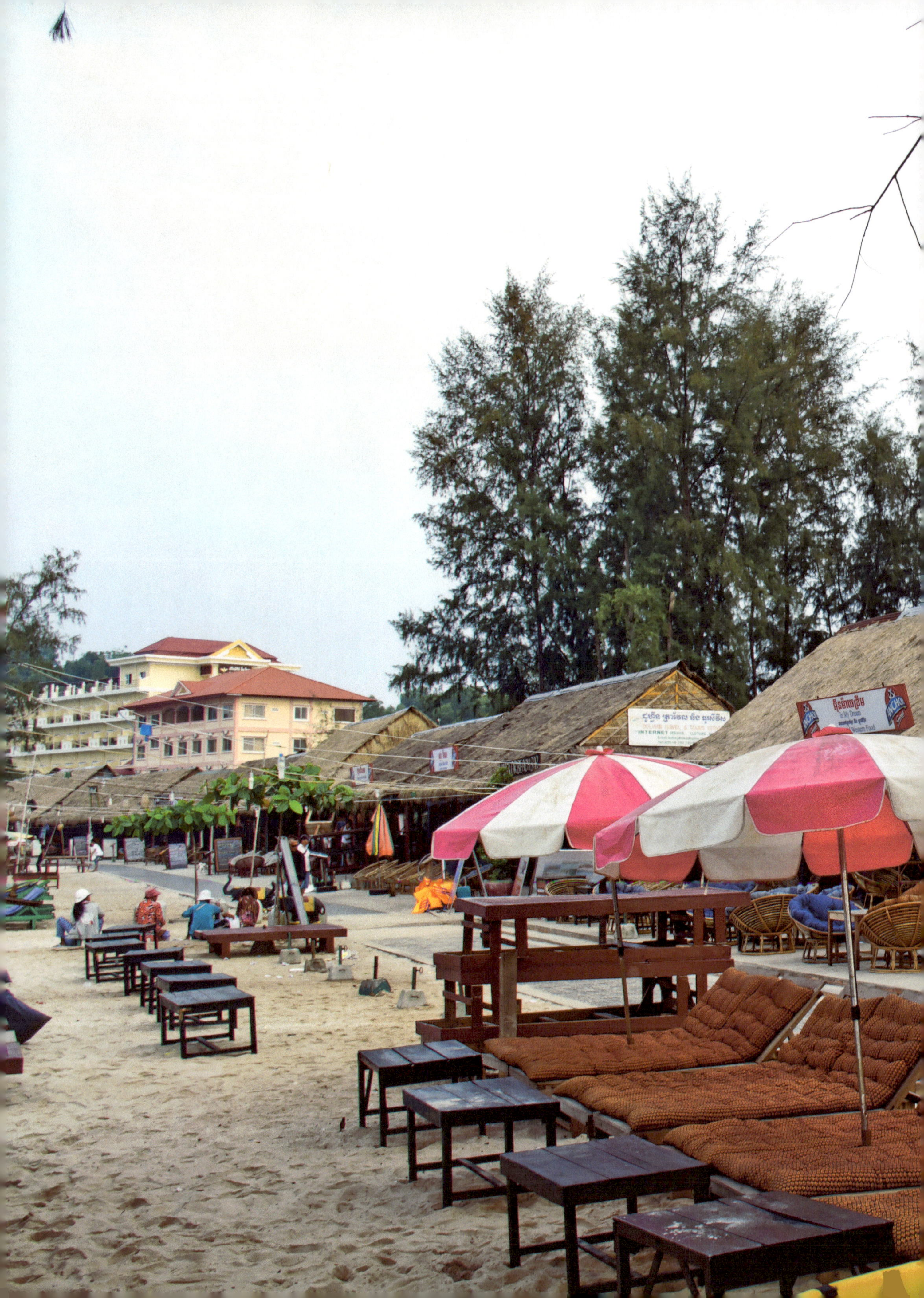

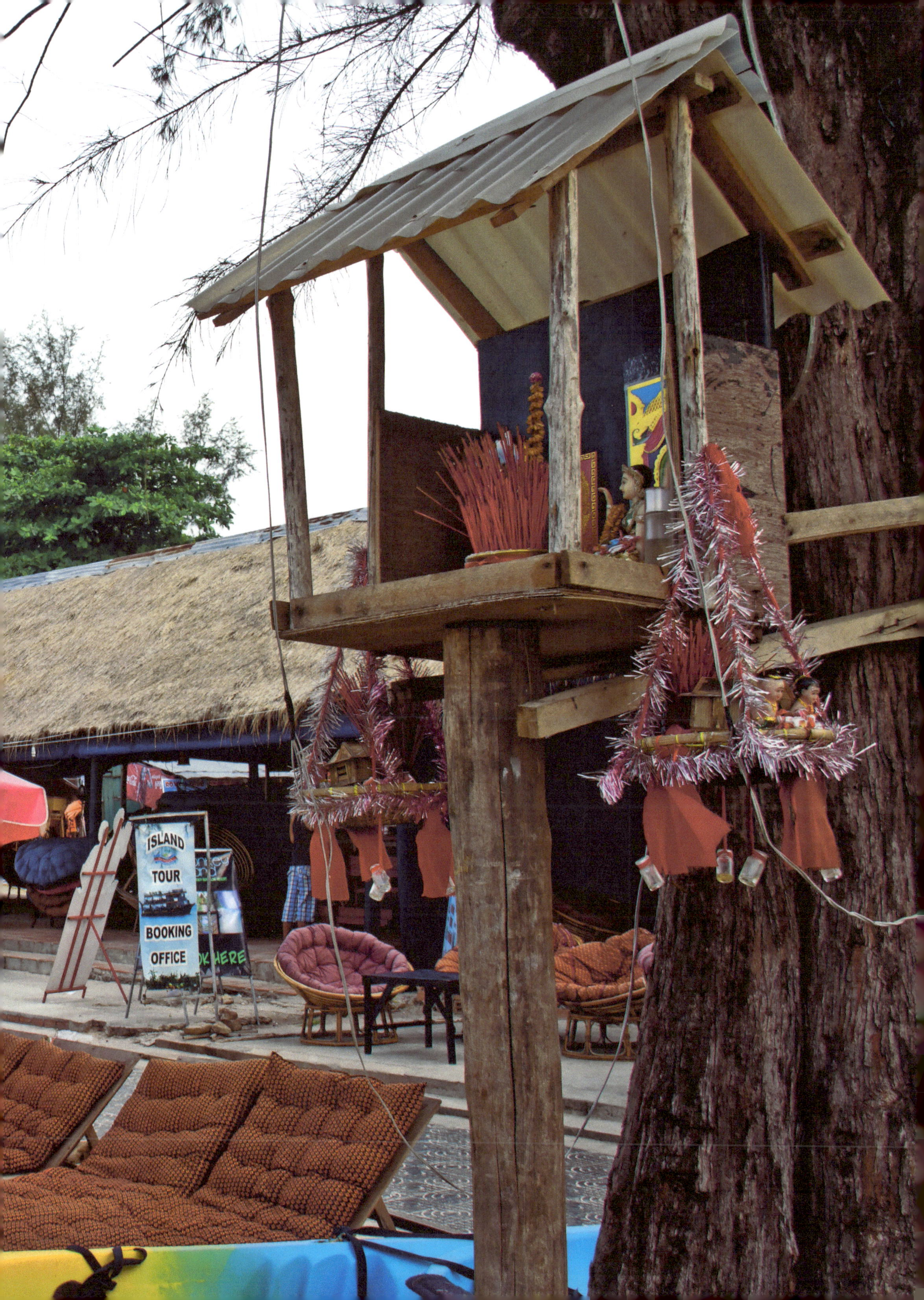
ISLAND
TOUR
BOOKING
OFFICE
BOOK HERE

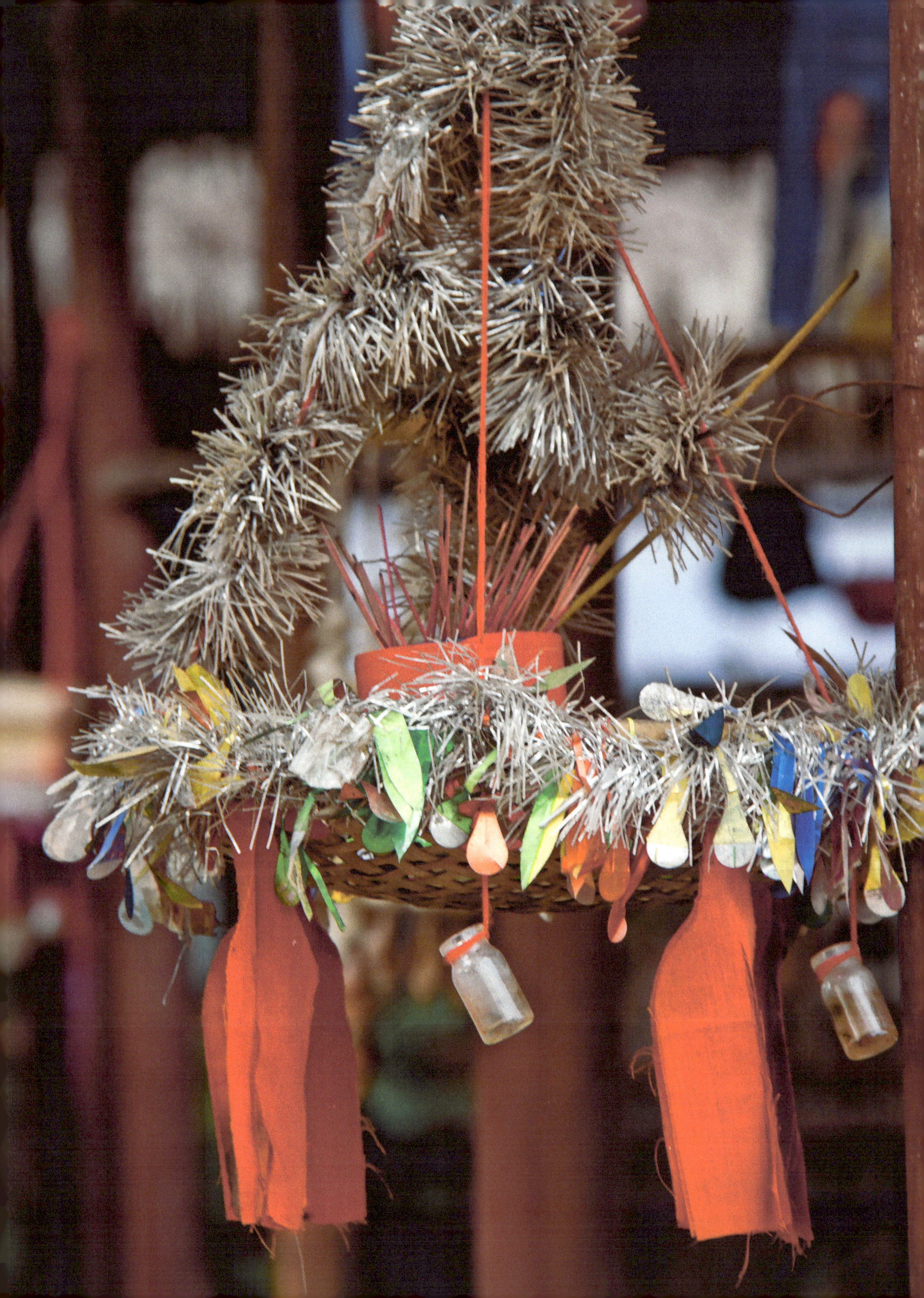

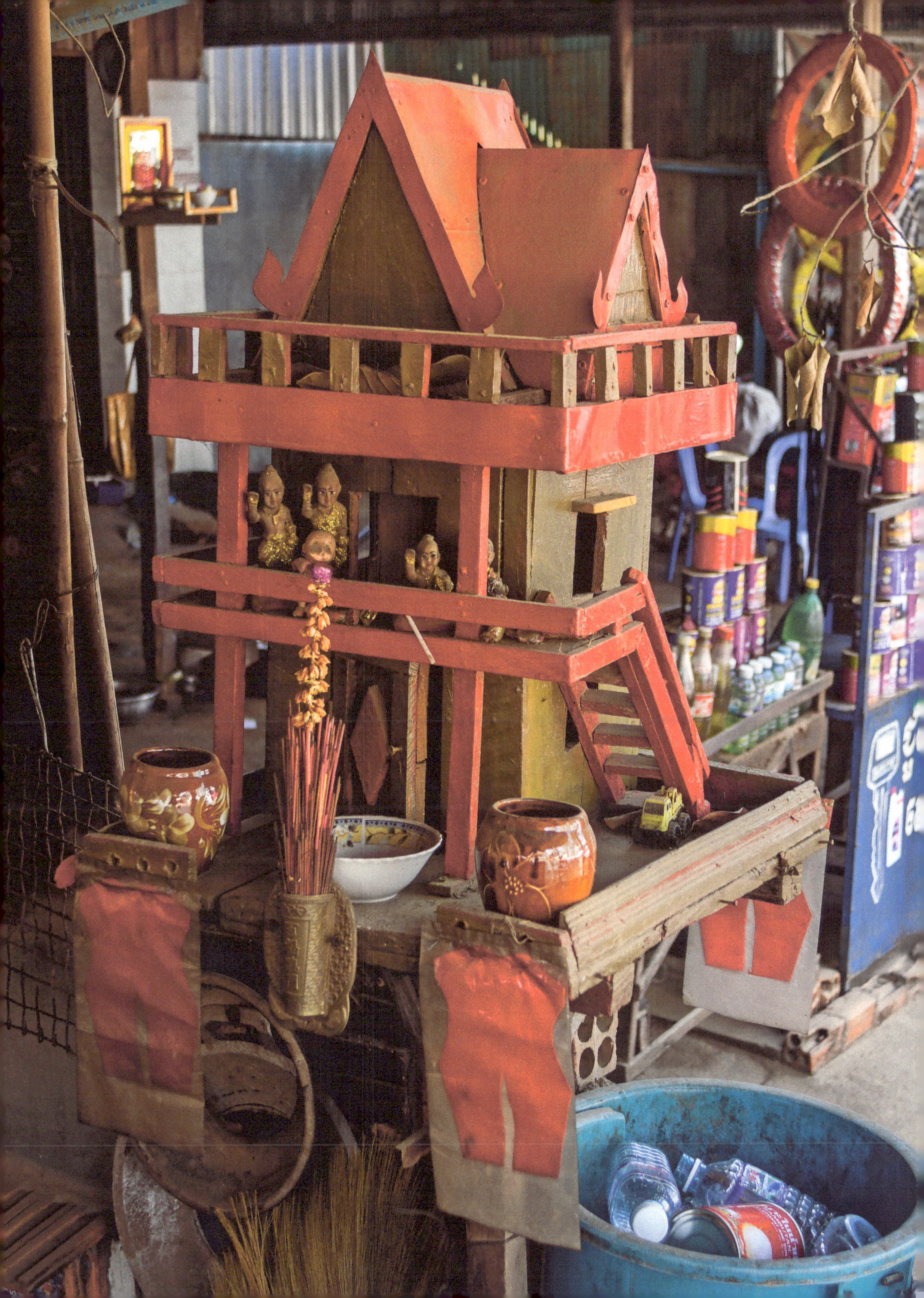

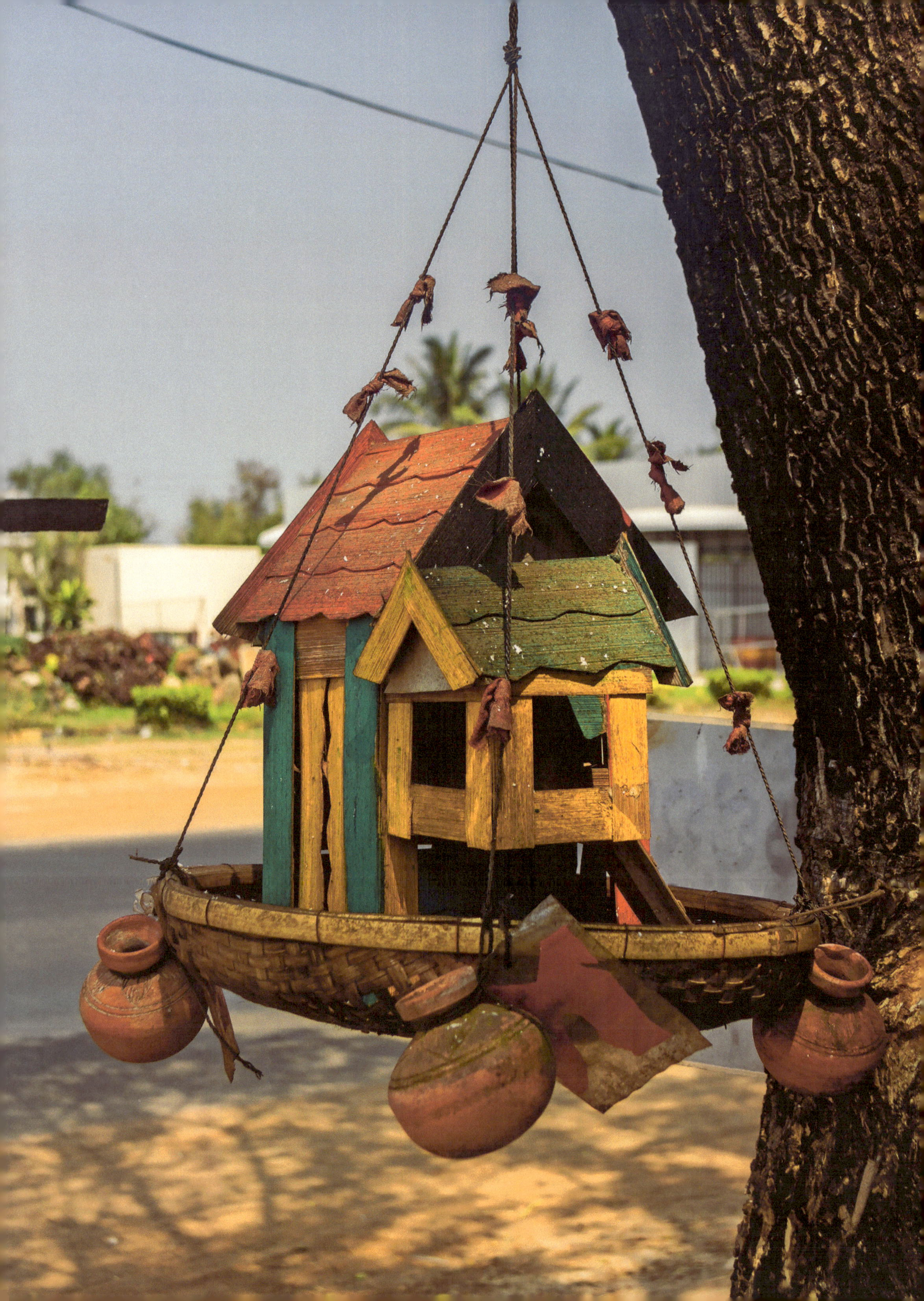

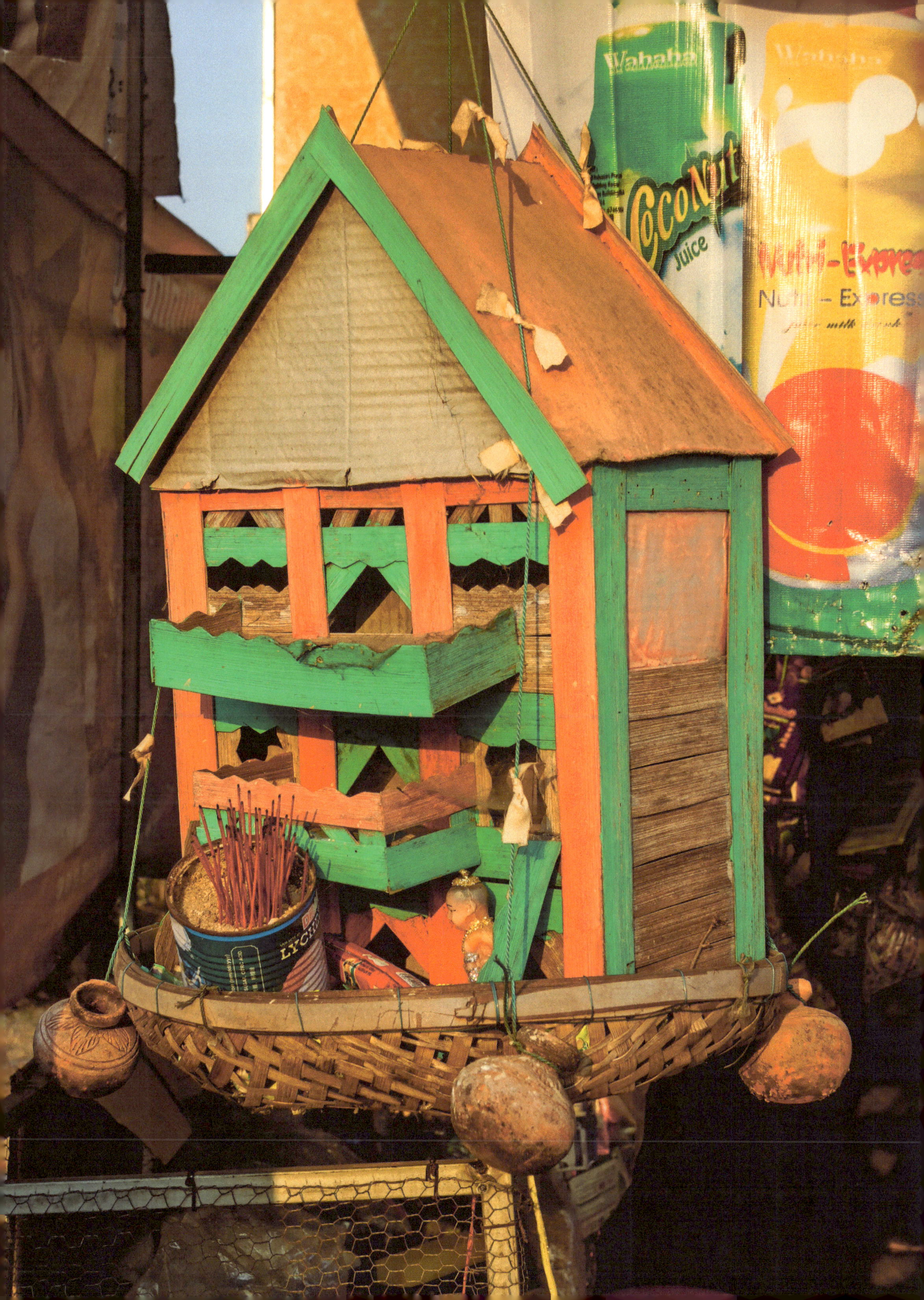

Wahaha
CocoNut
juice
Wahaha
Nutri-Express
Nutri - Express
LYCHEE

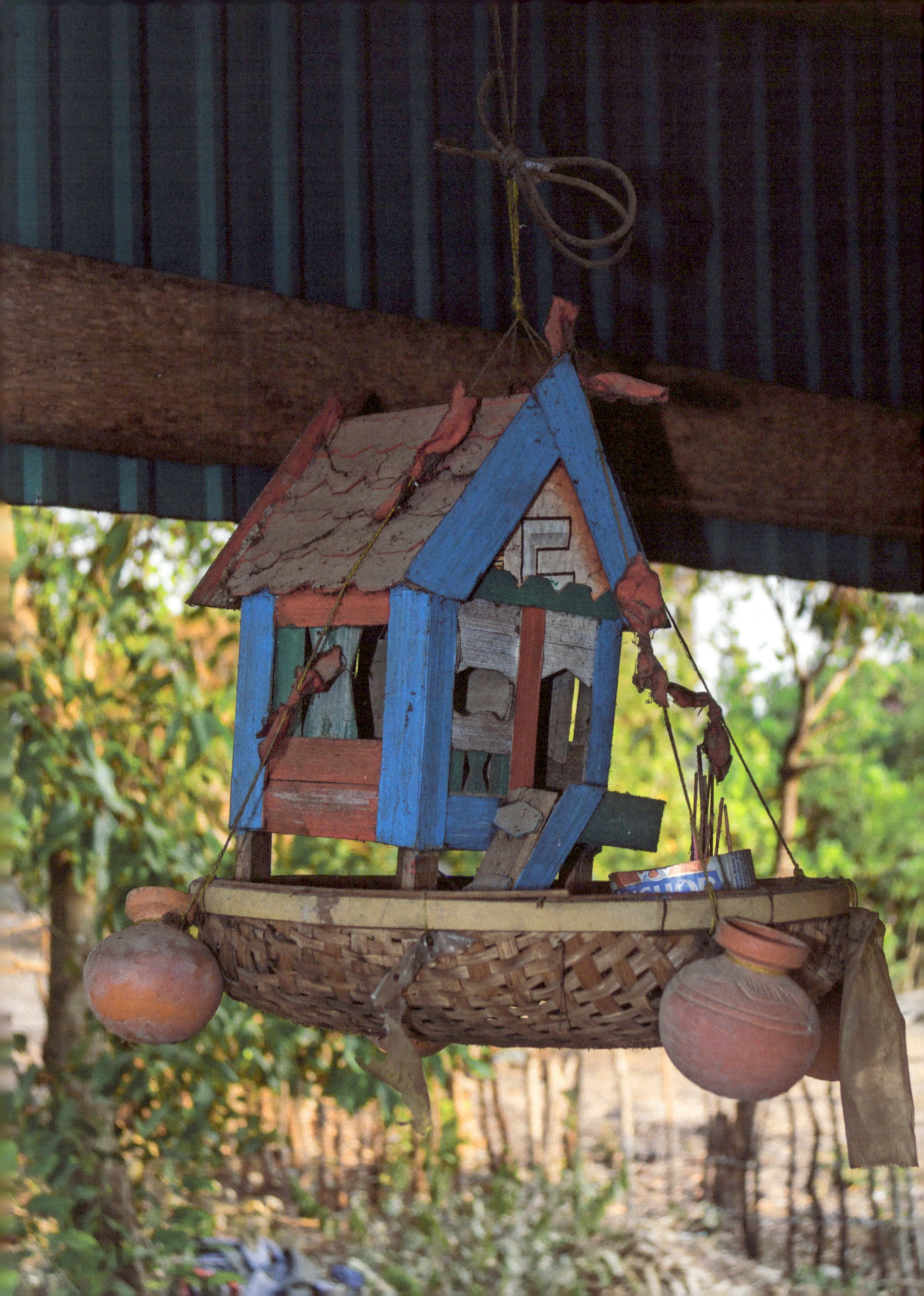

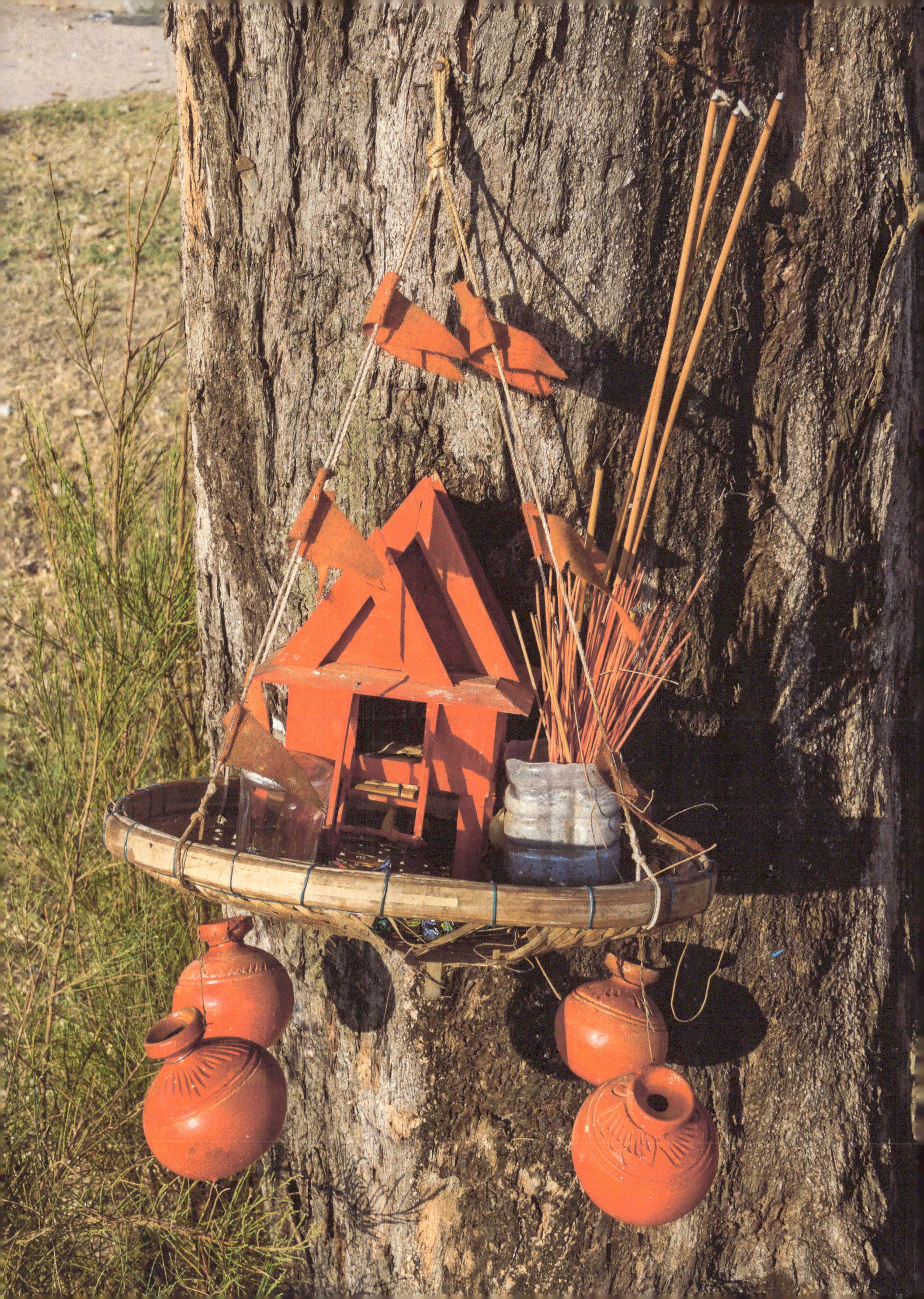

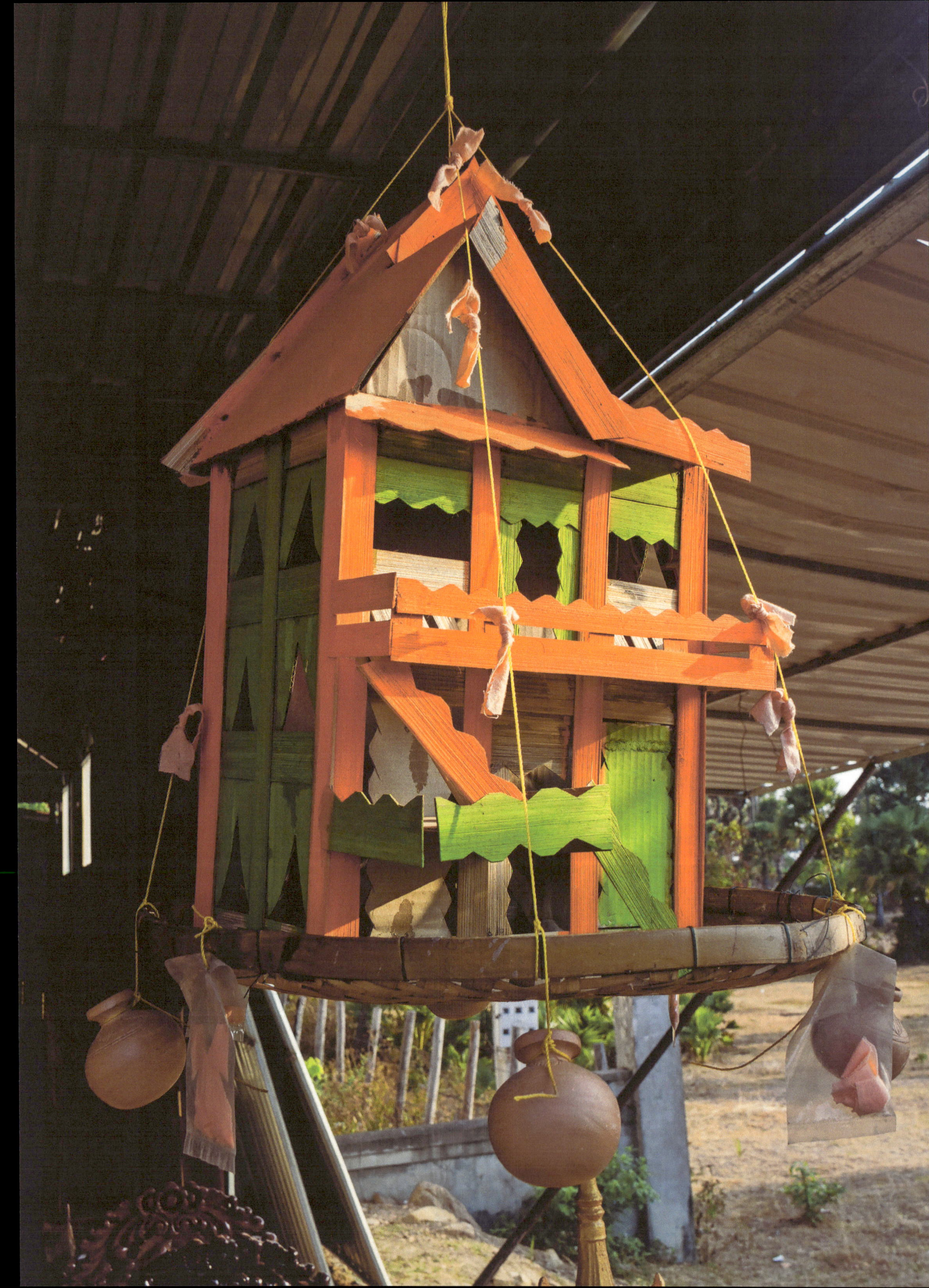

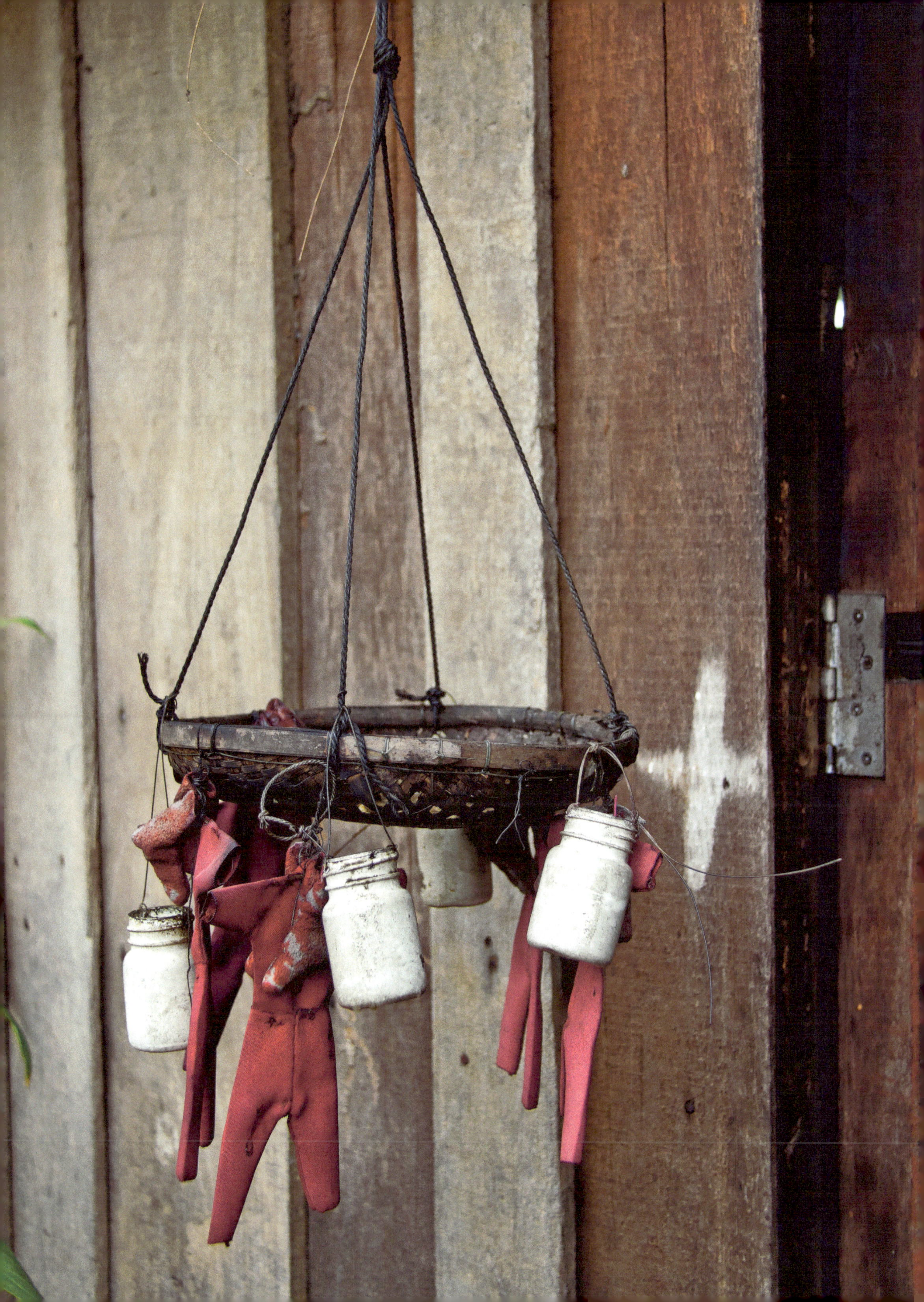

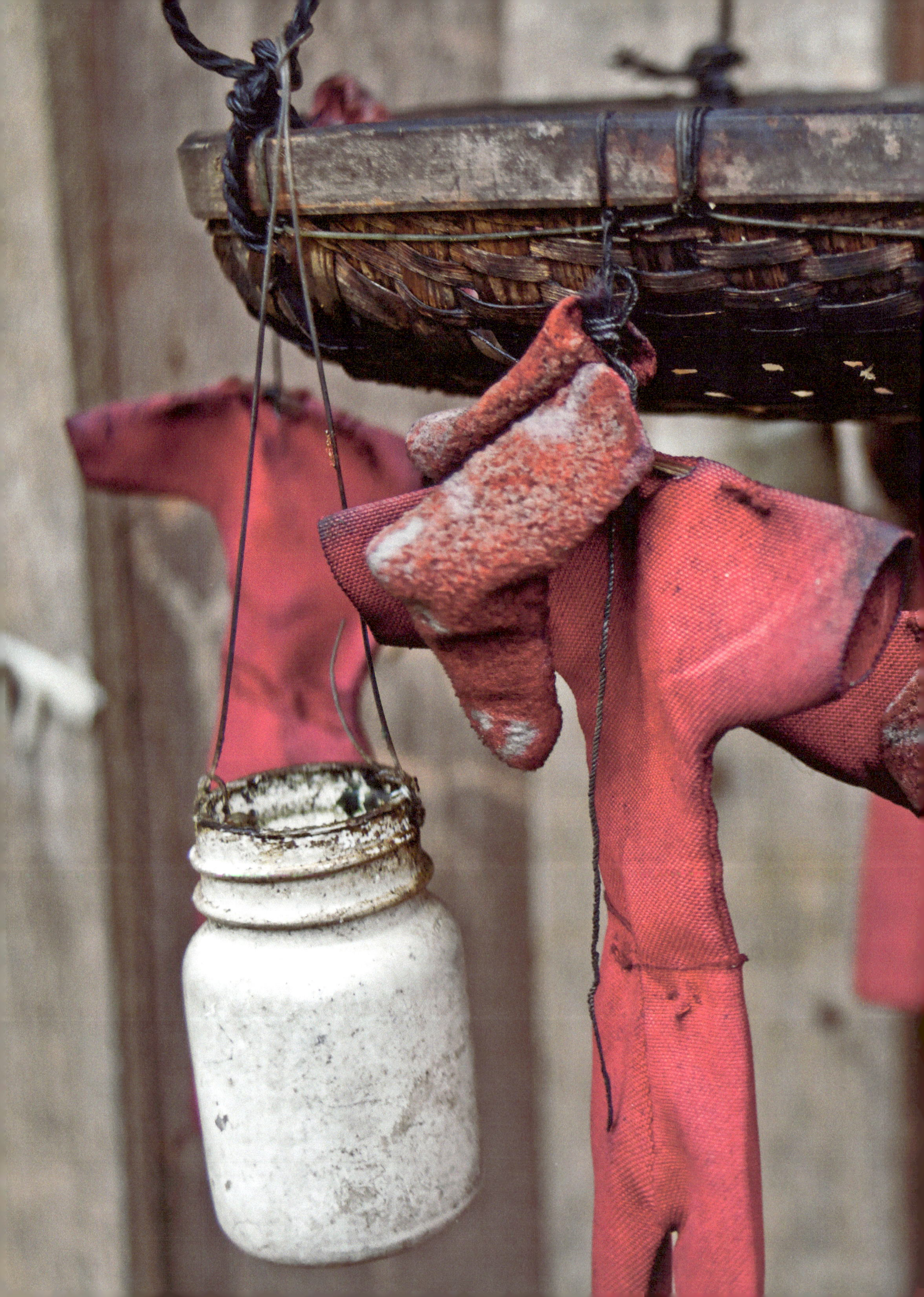

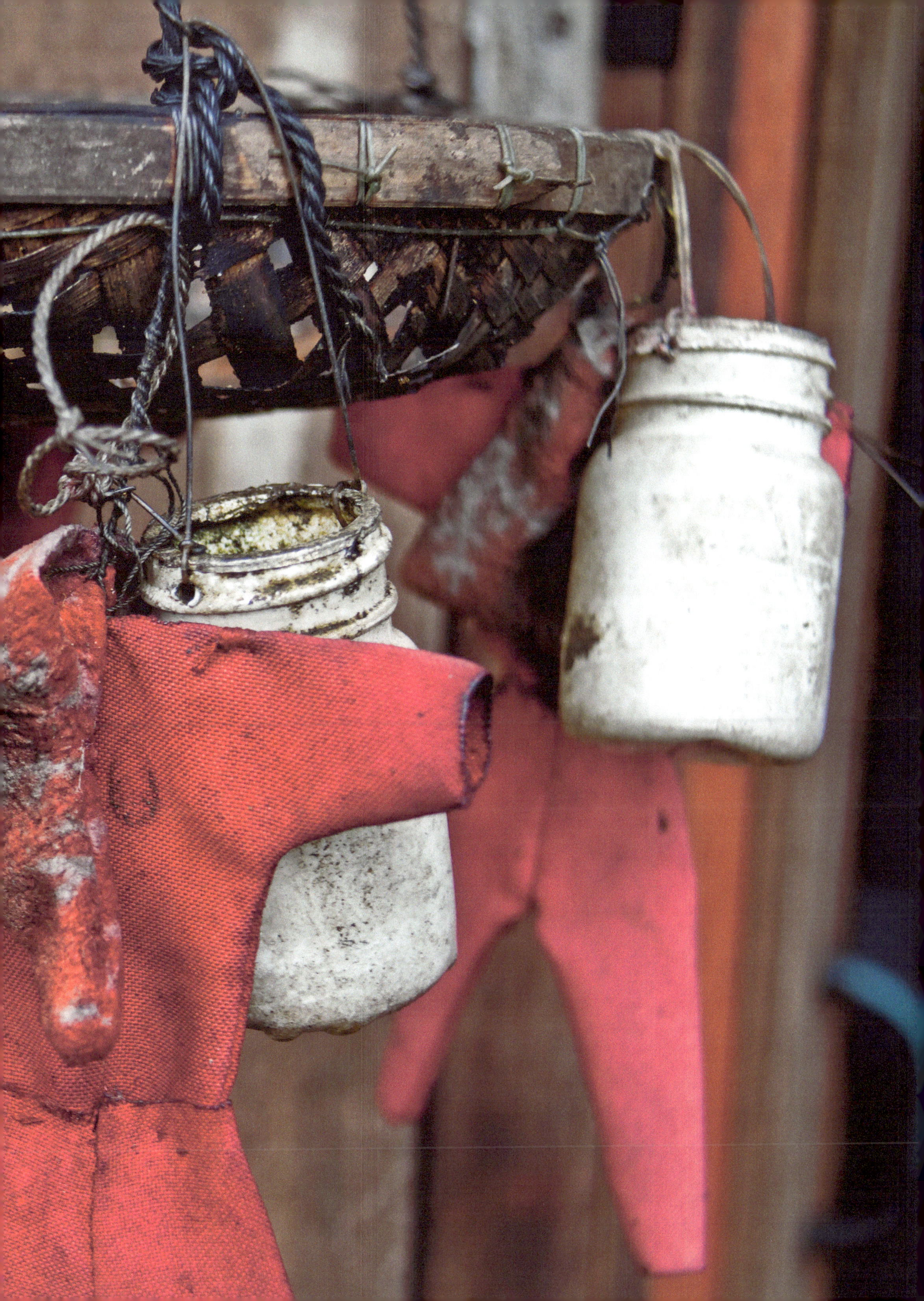

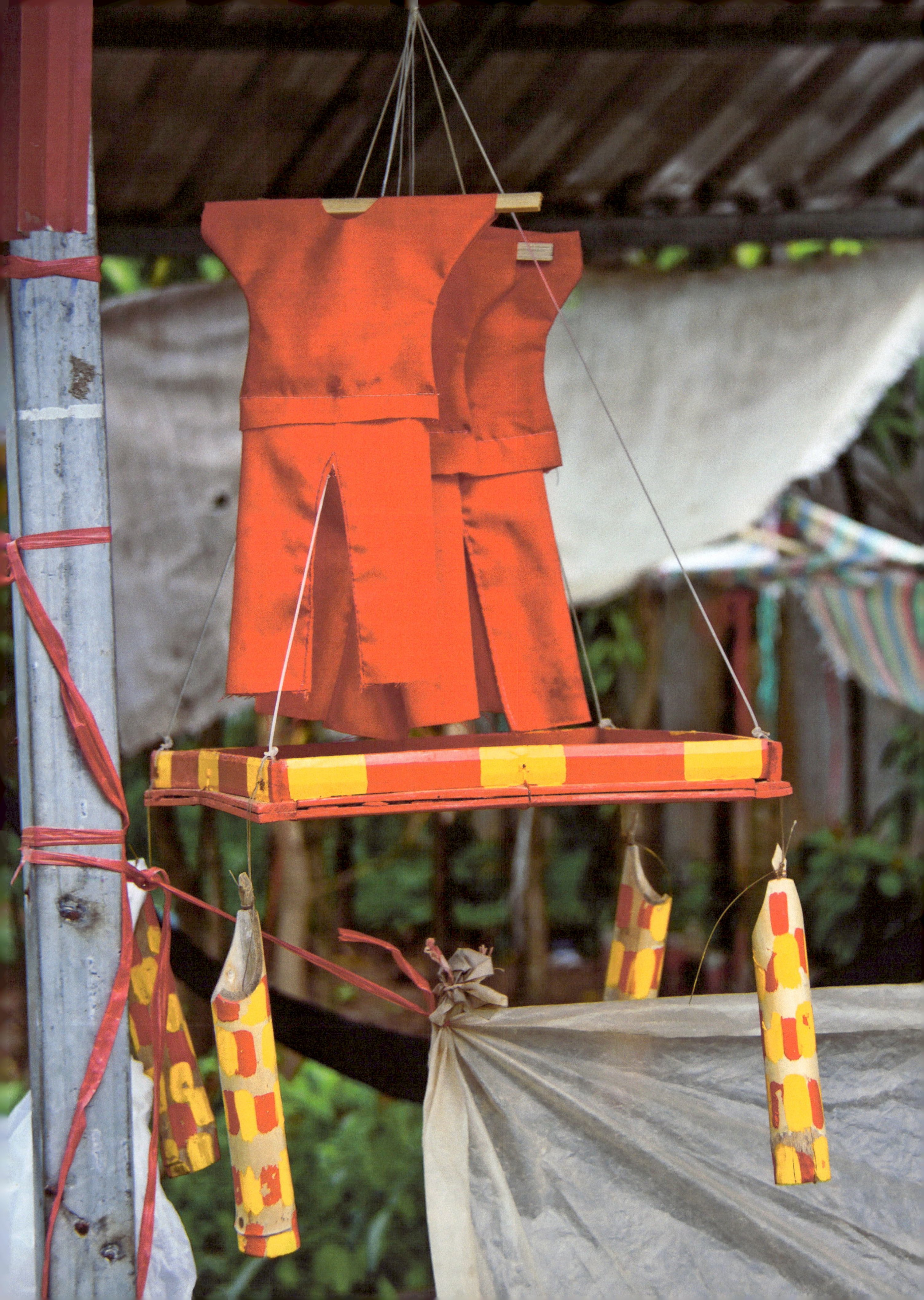

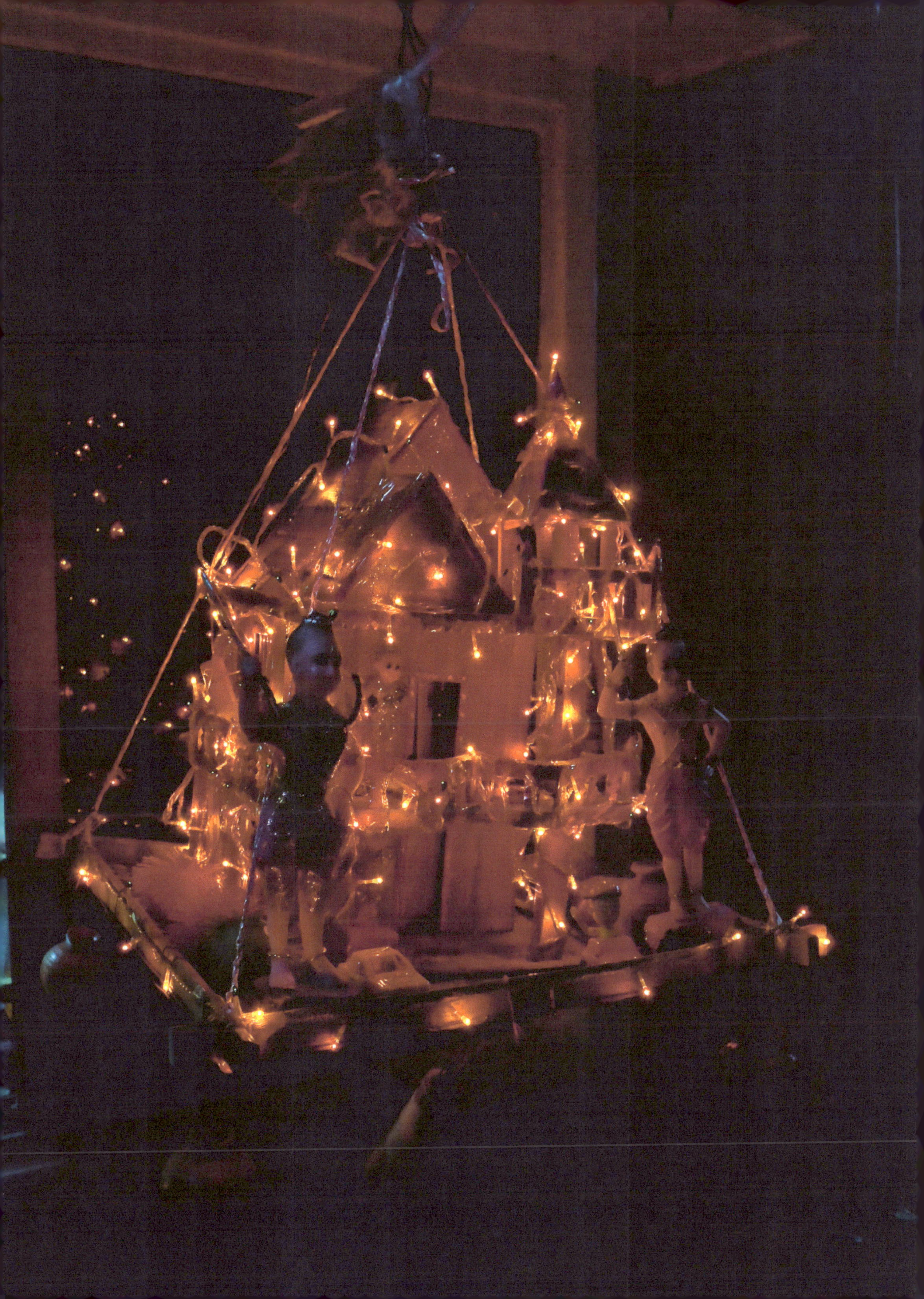

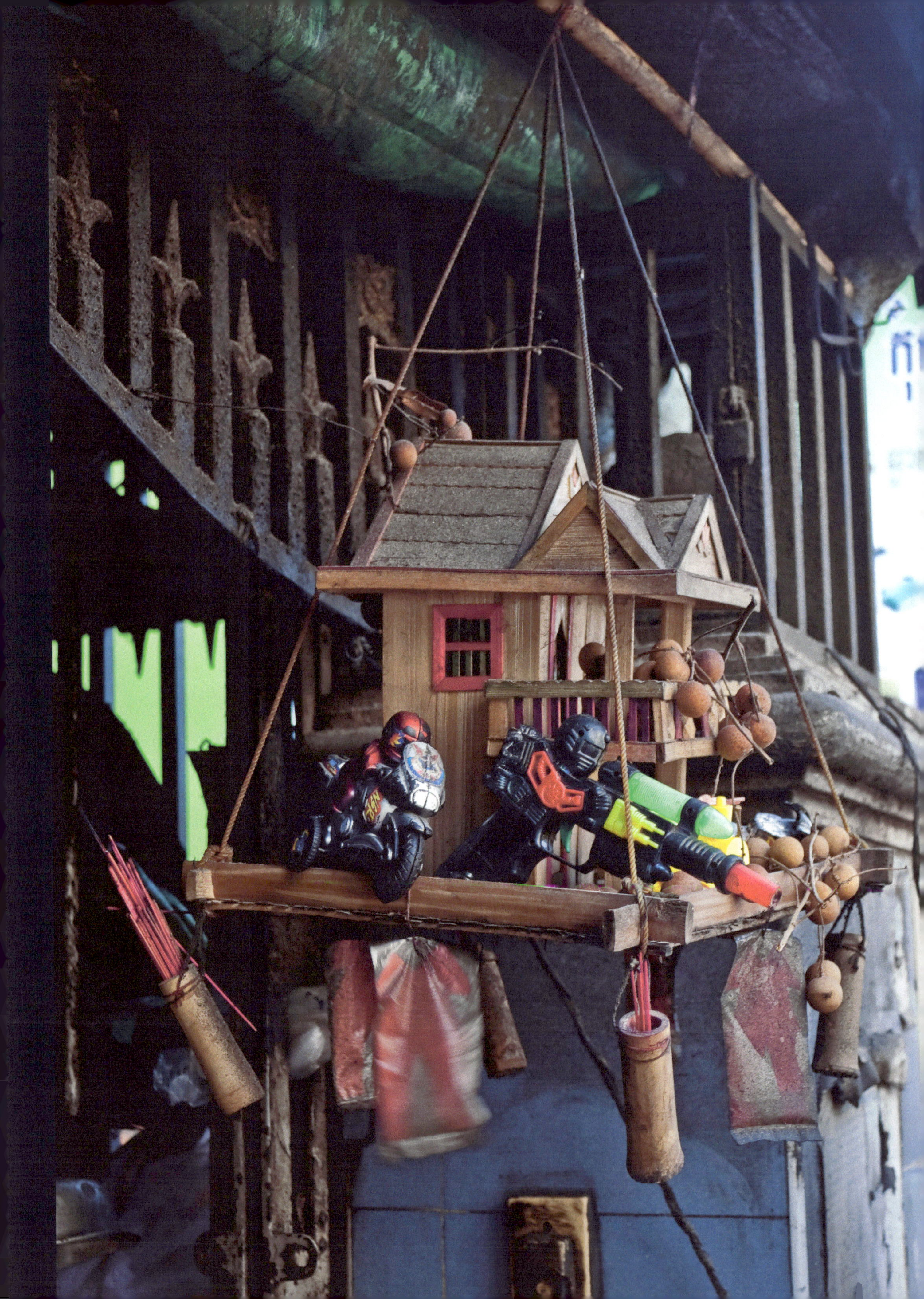

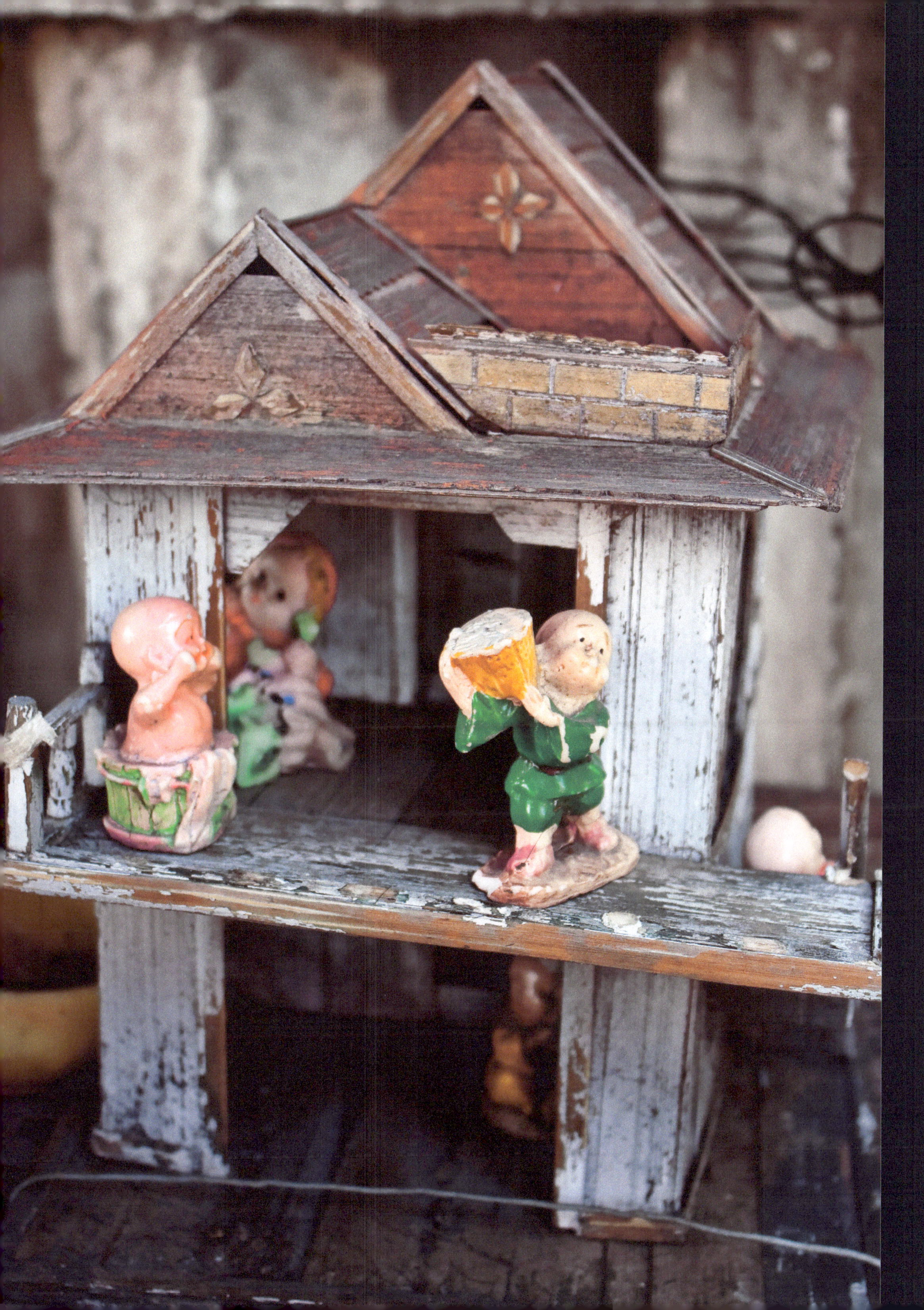

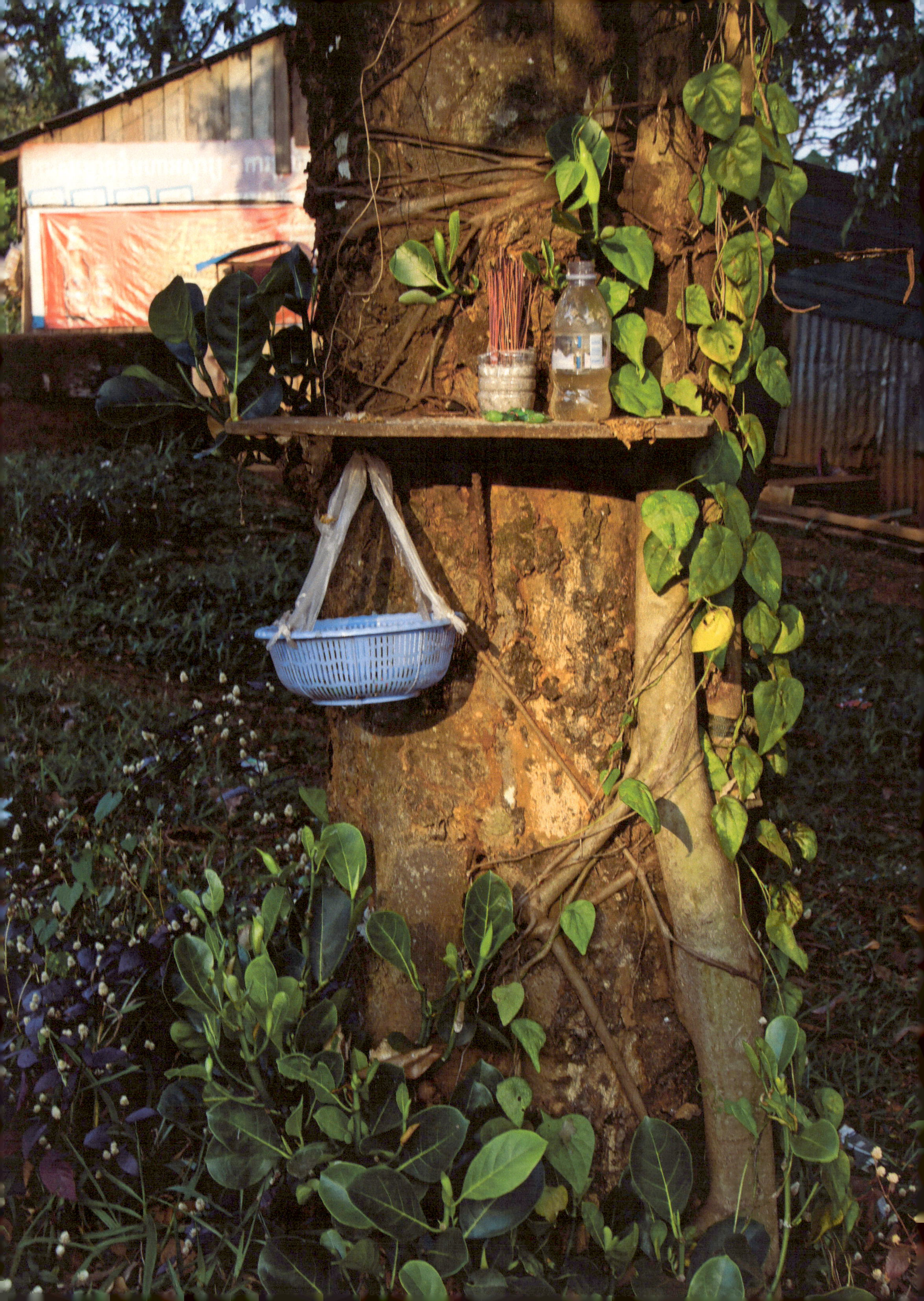

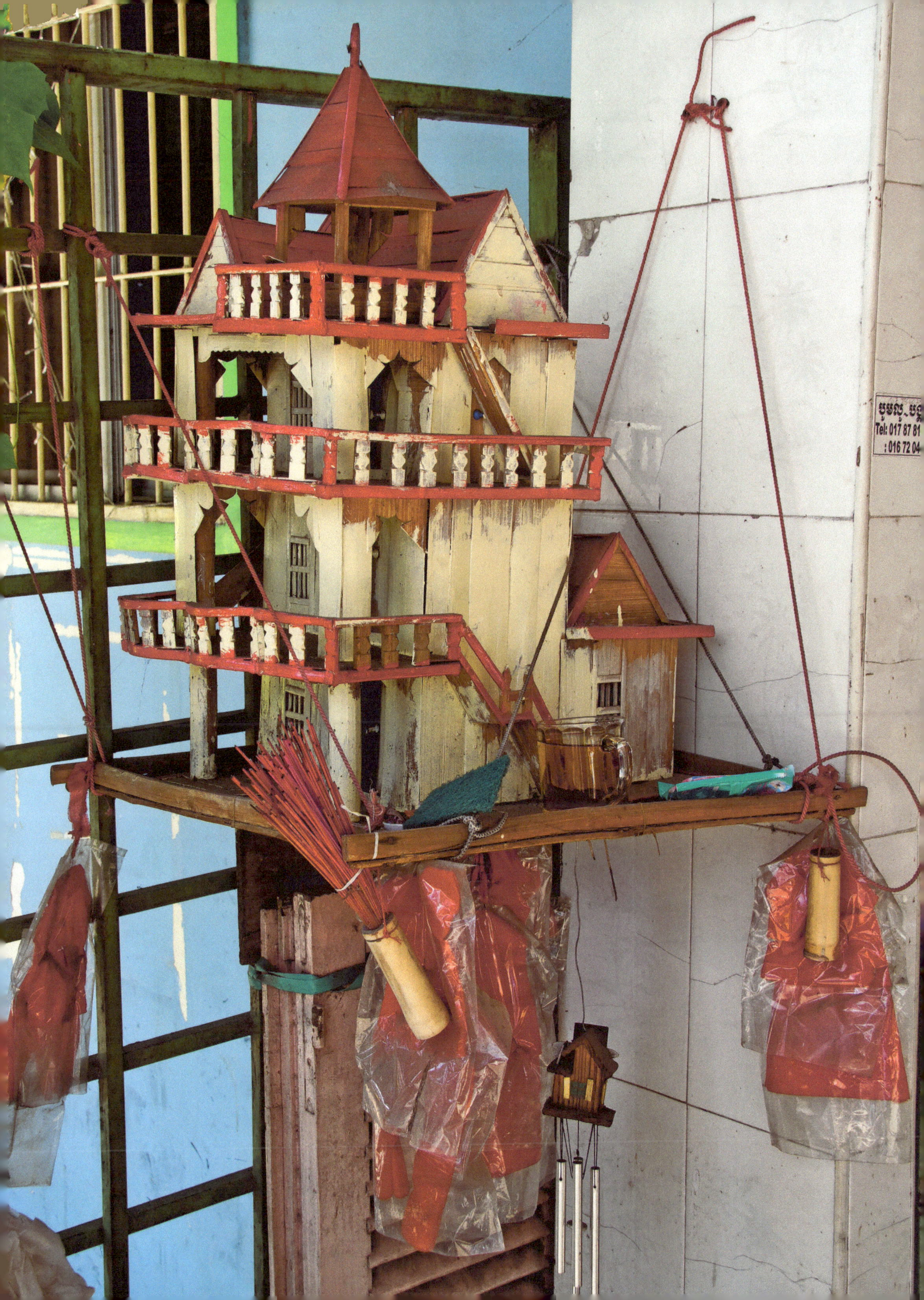

ប៉ូមរៃ្ល~បង
Tel: 017 87 81
: 016 72 04

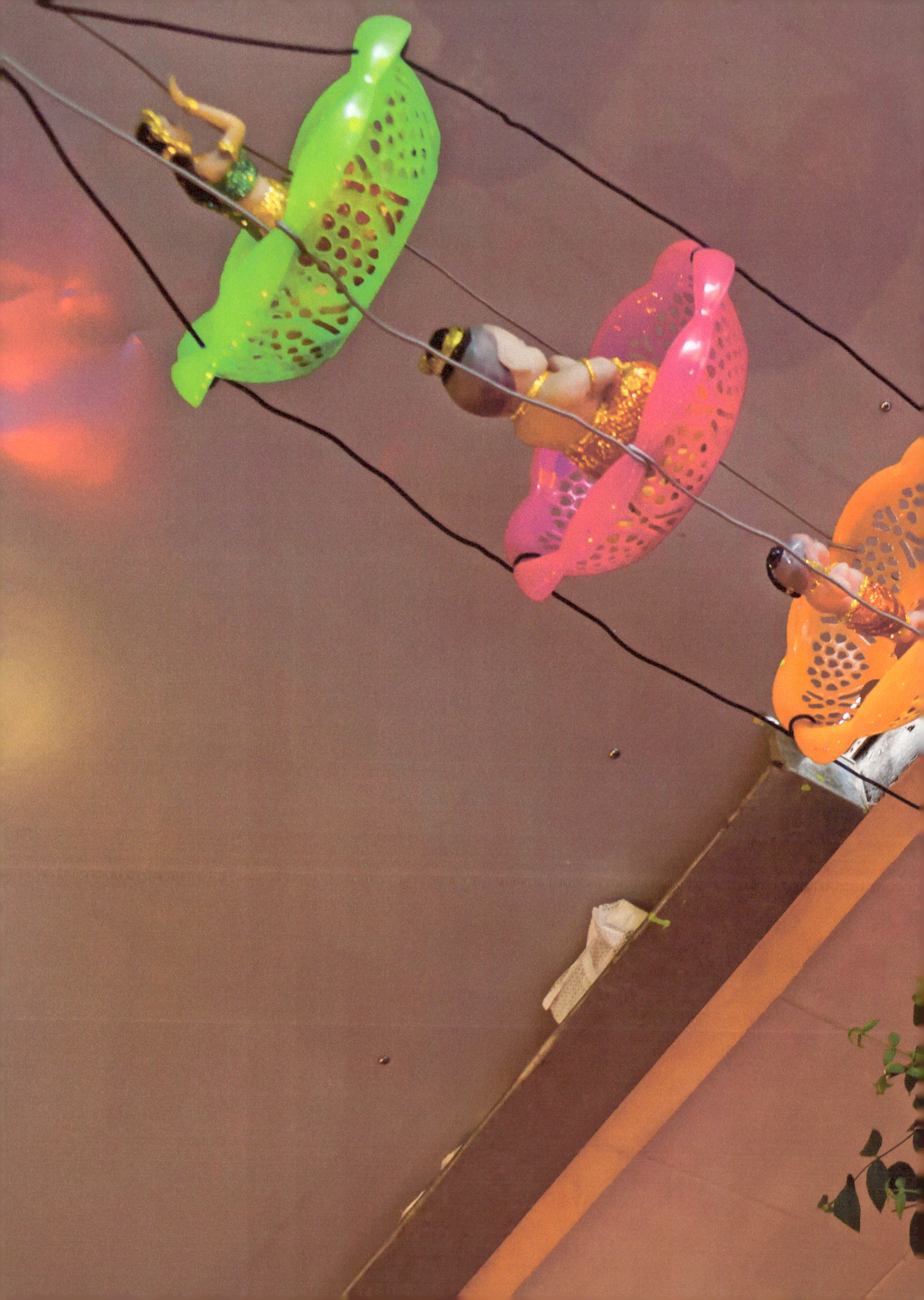

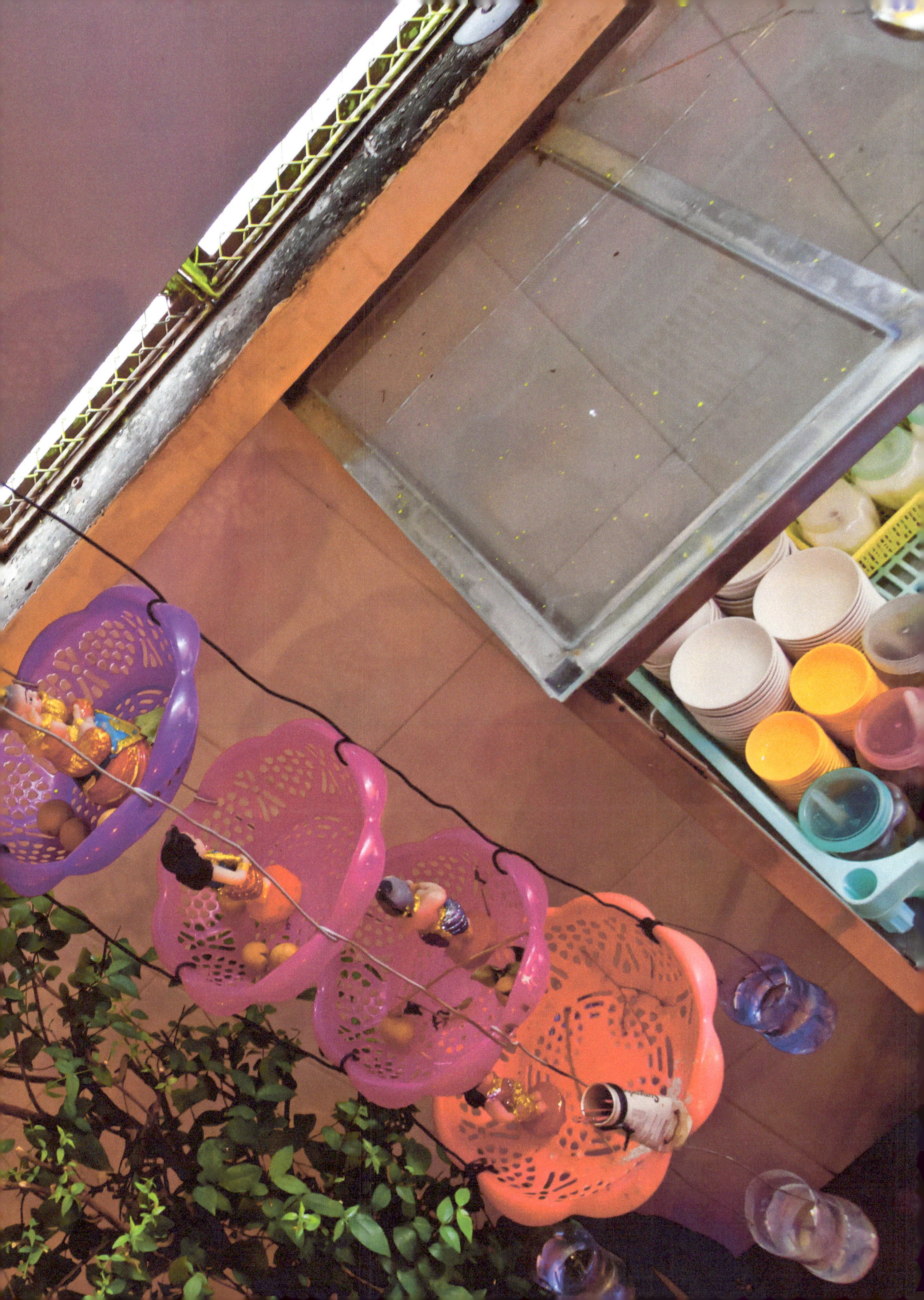

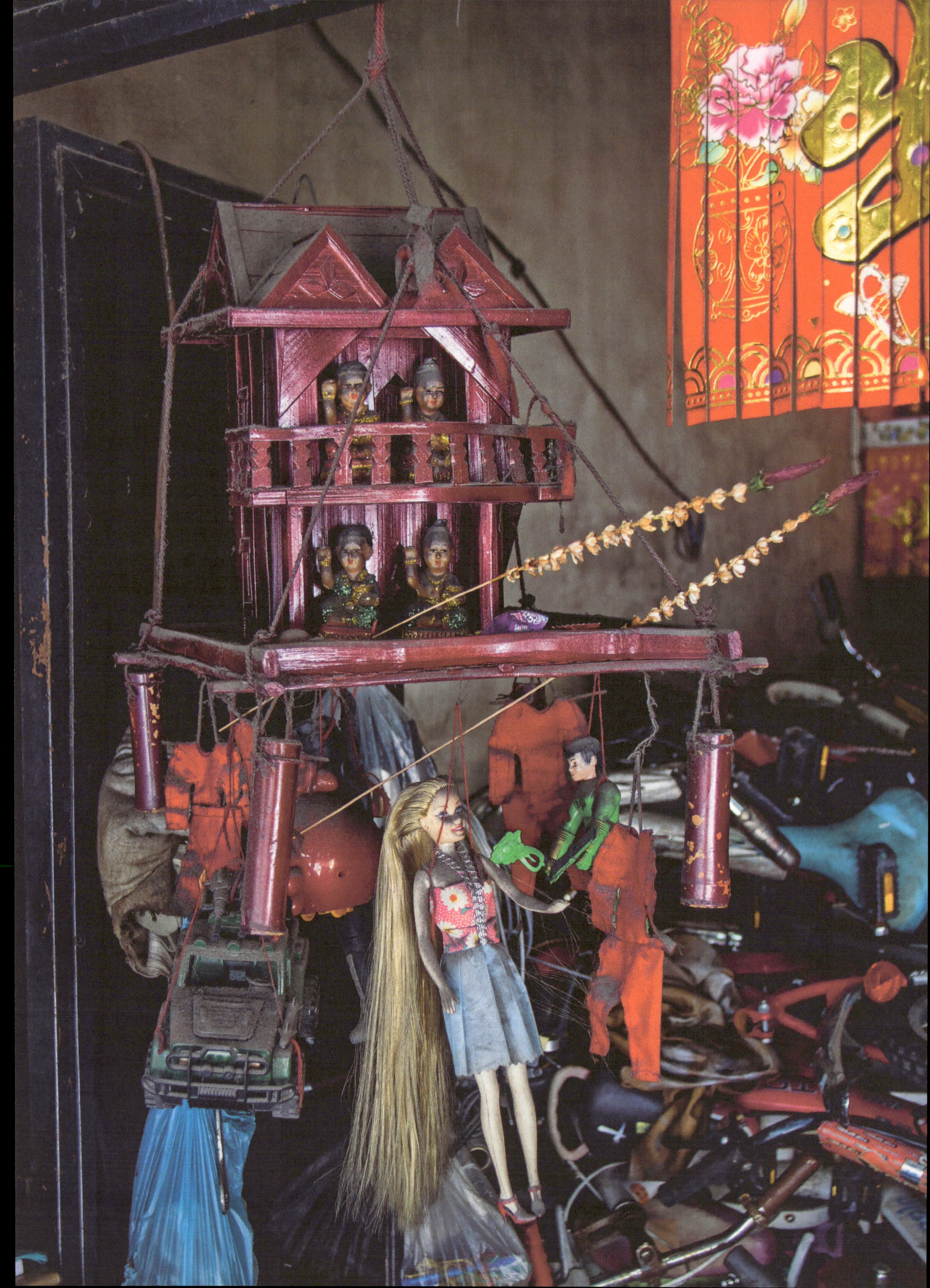

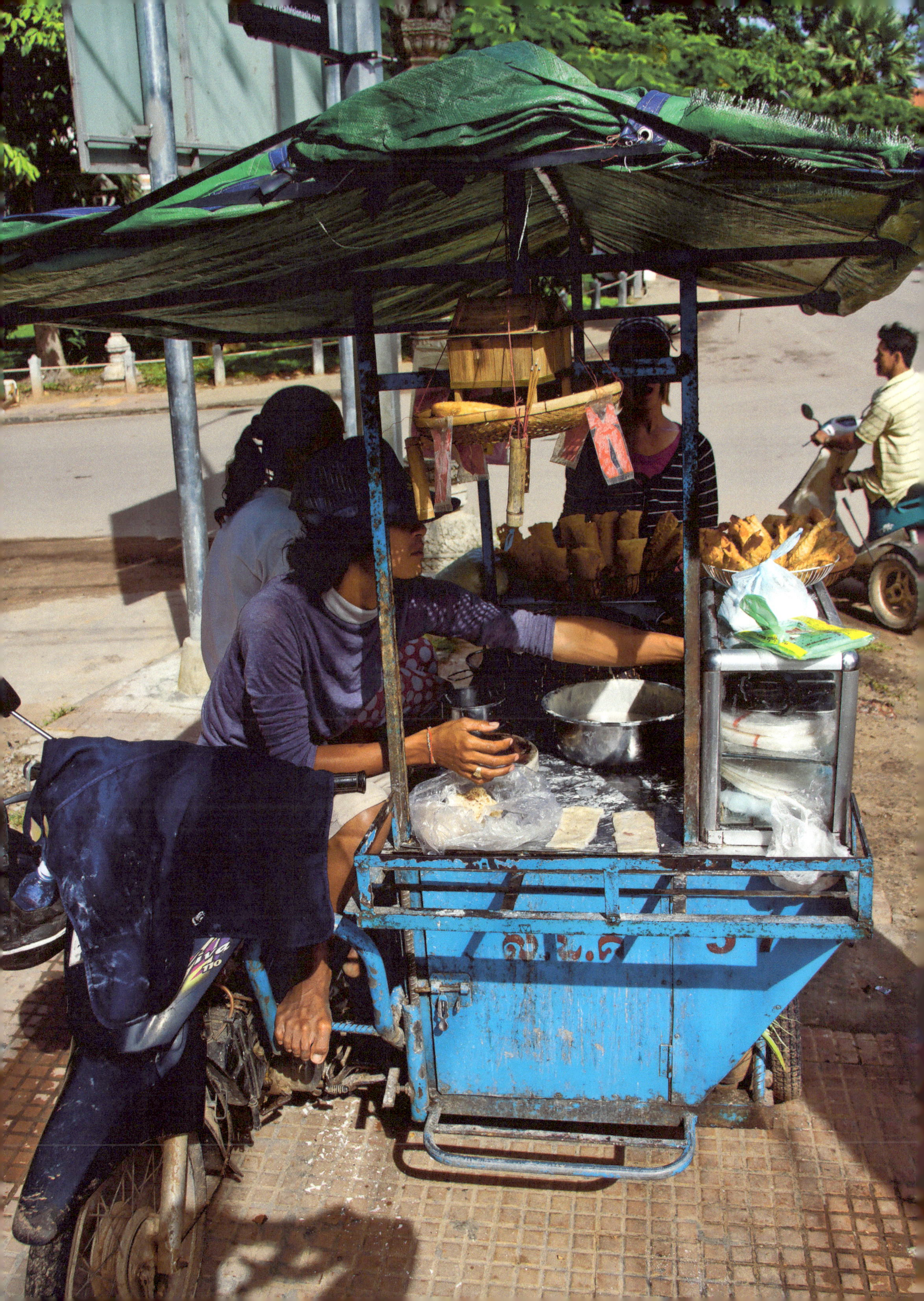

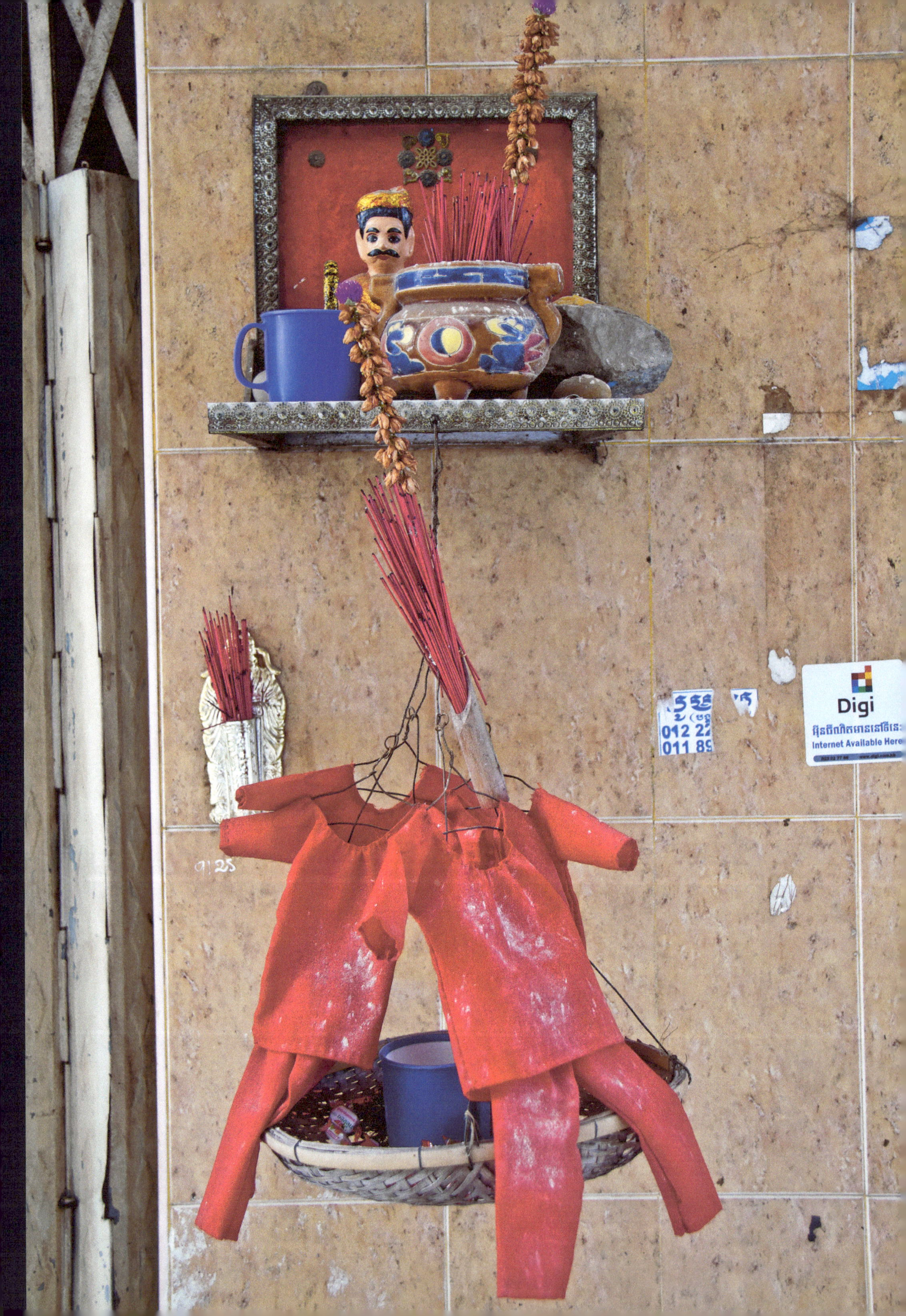

Digi
Internet Available Here
012 22
011 89

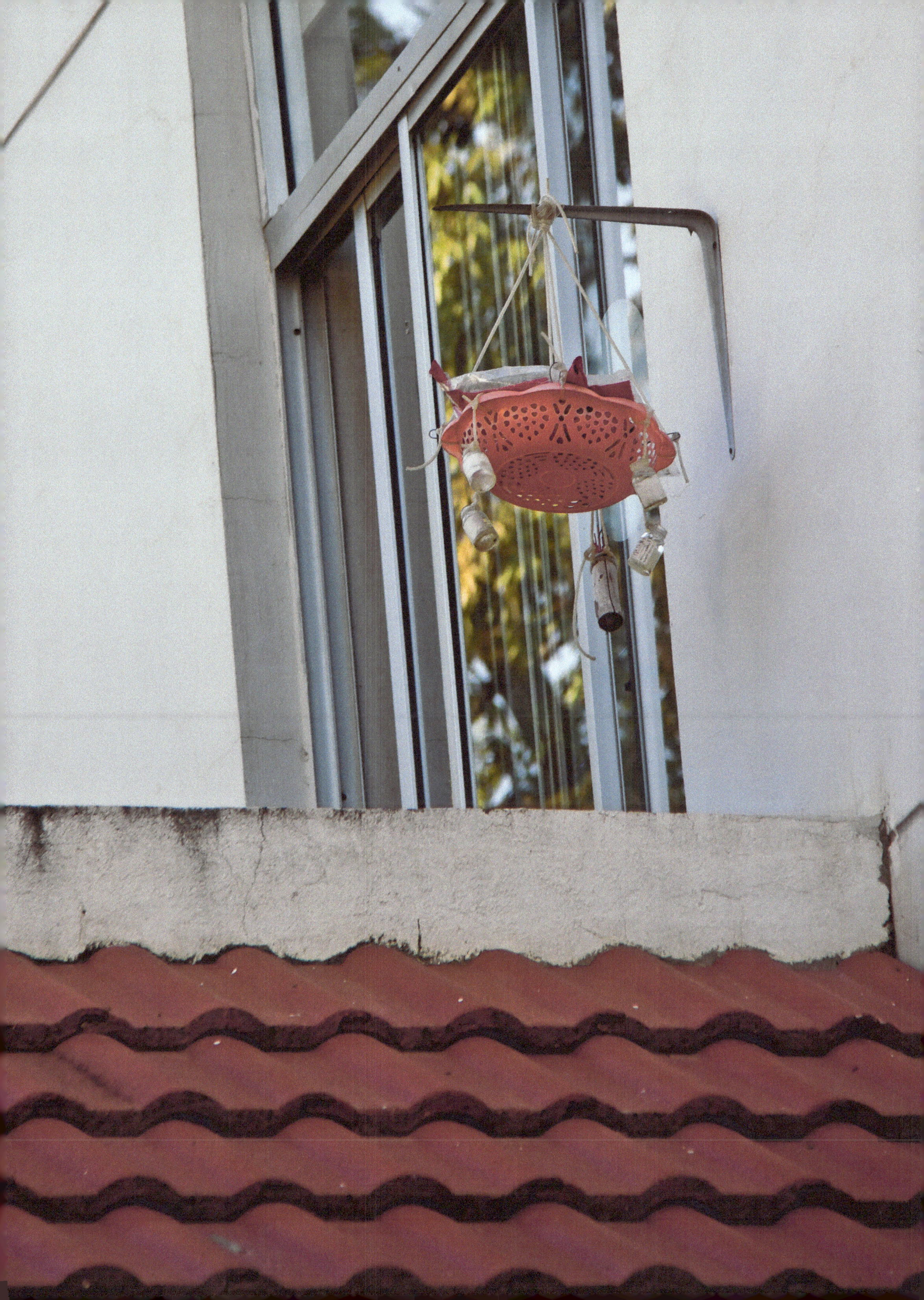

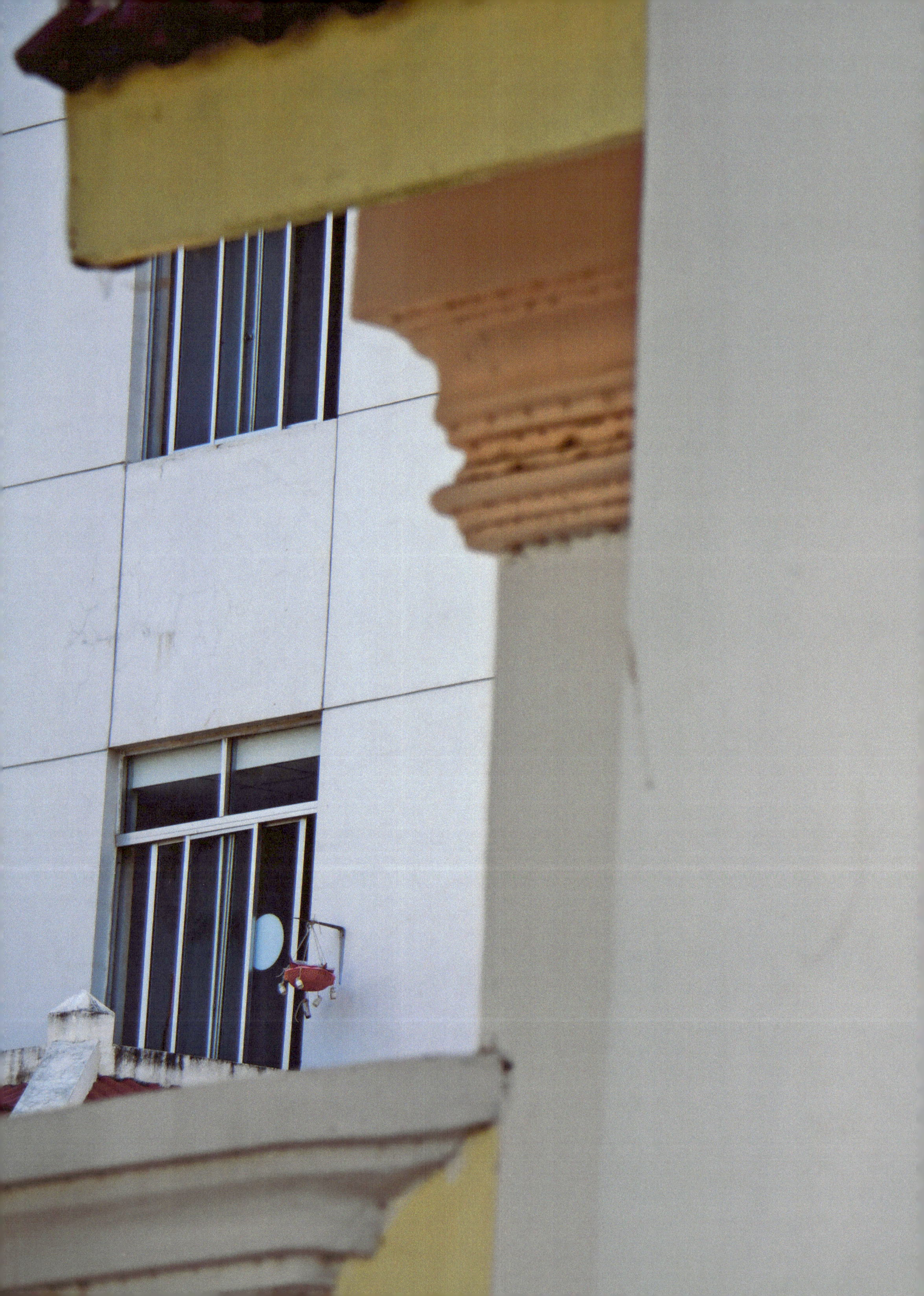

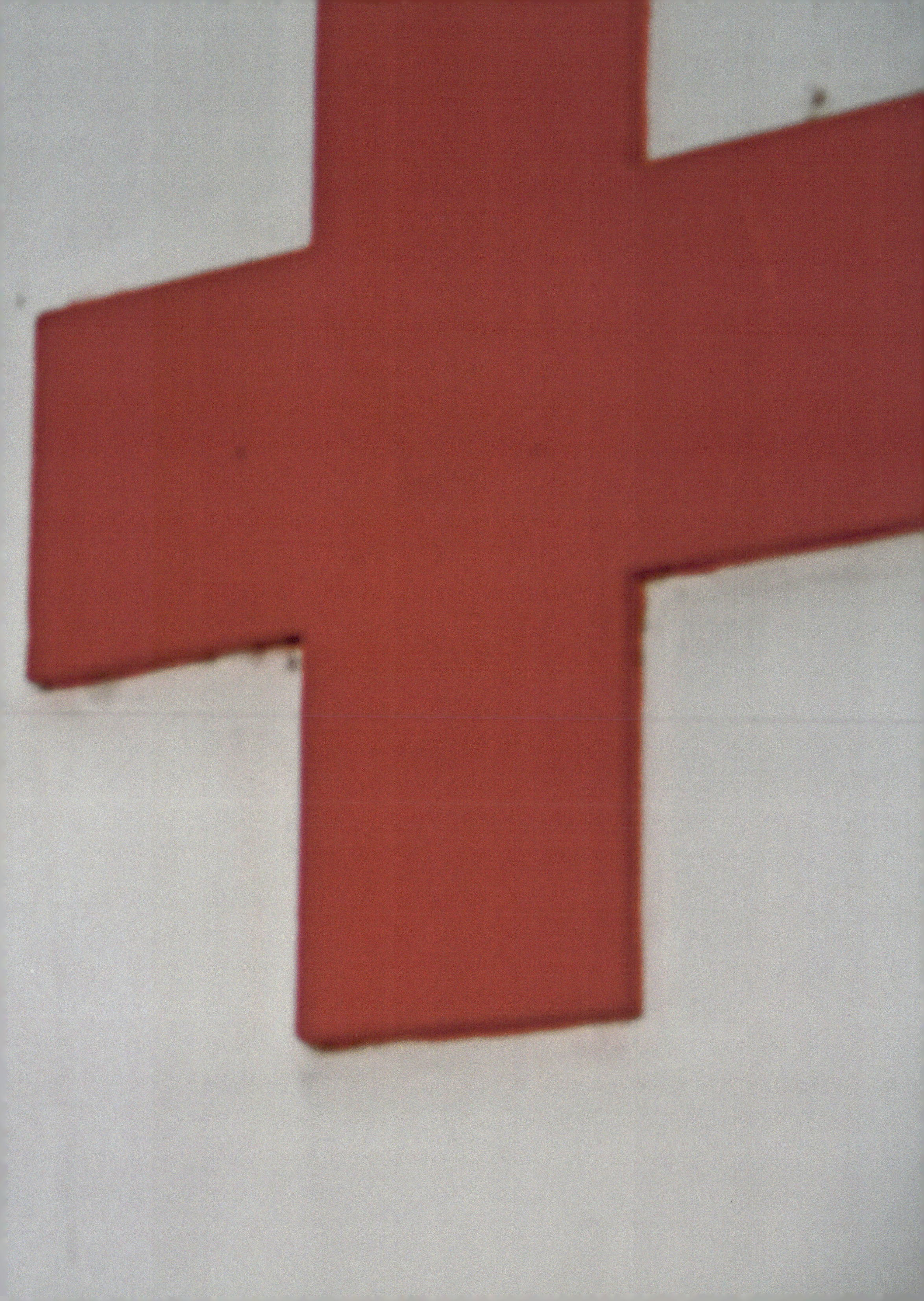

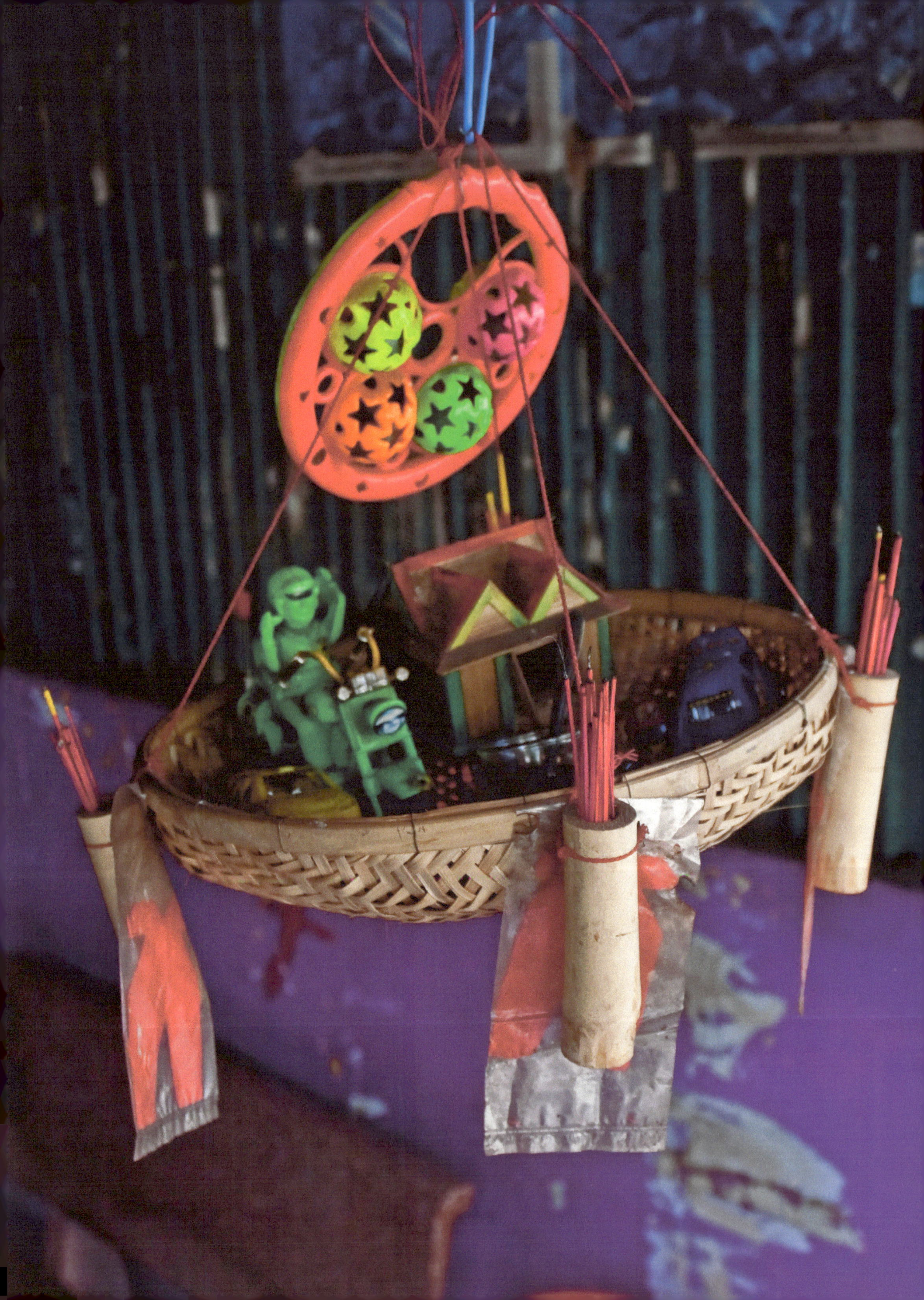

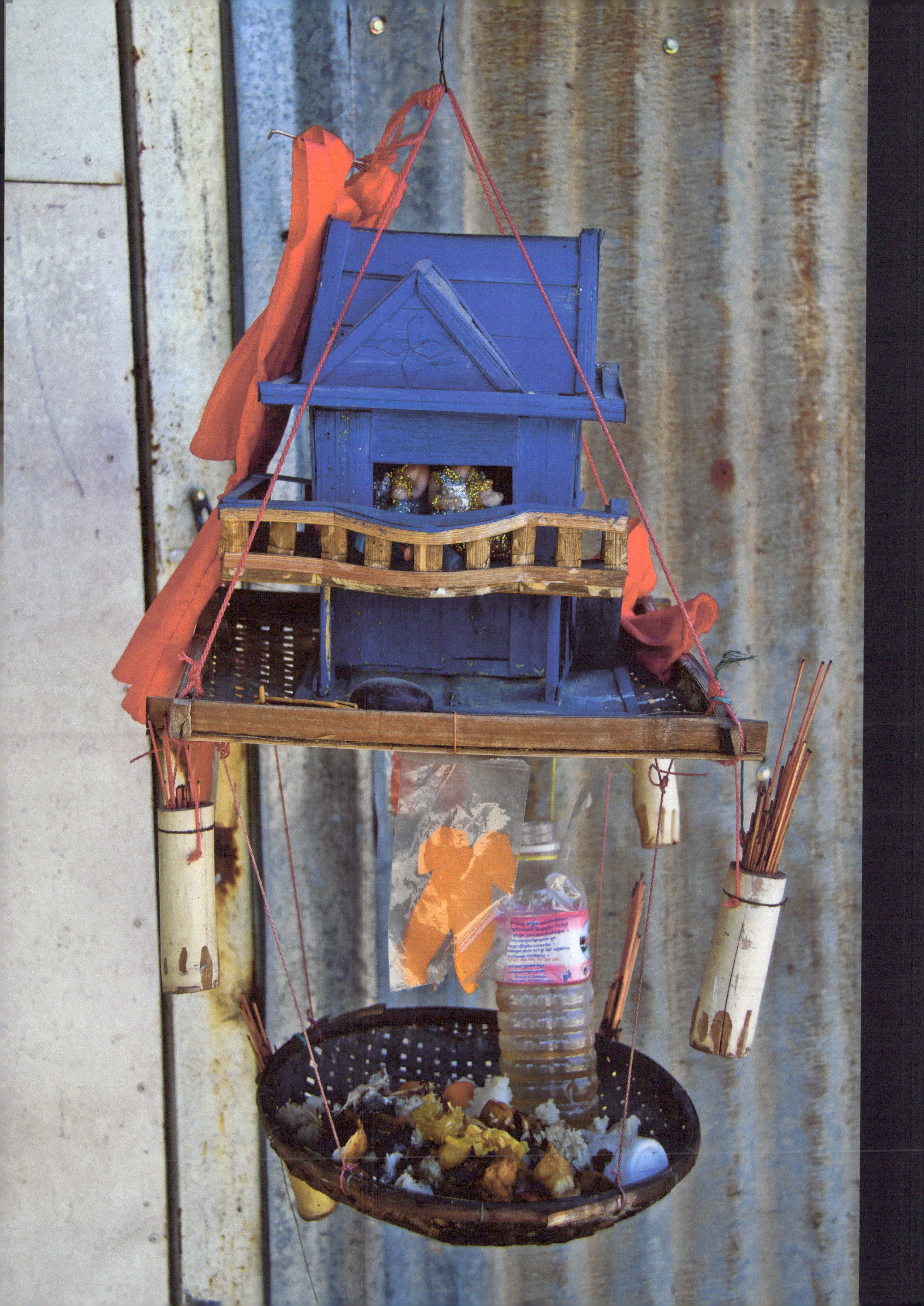

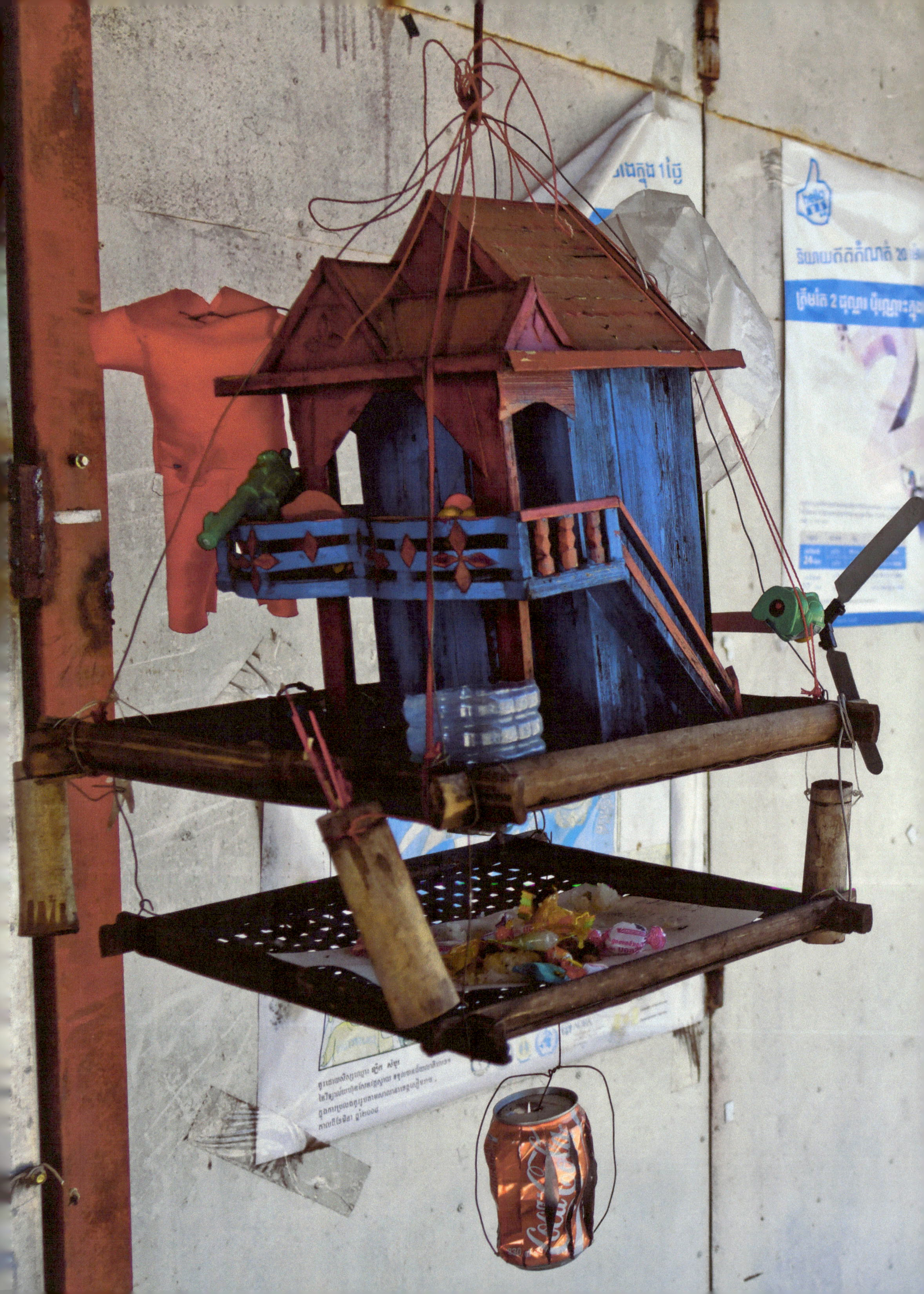

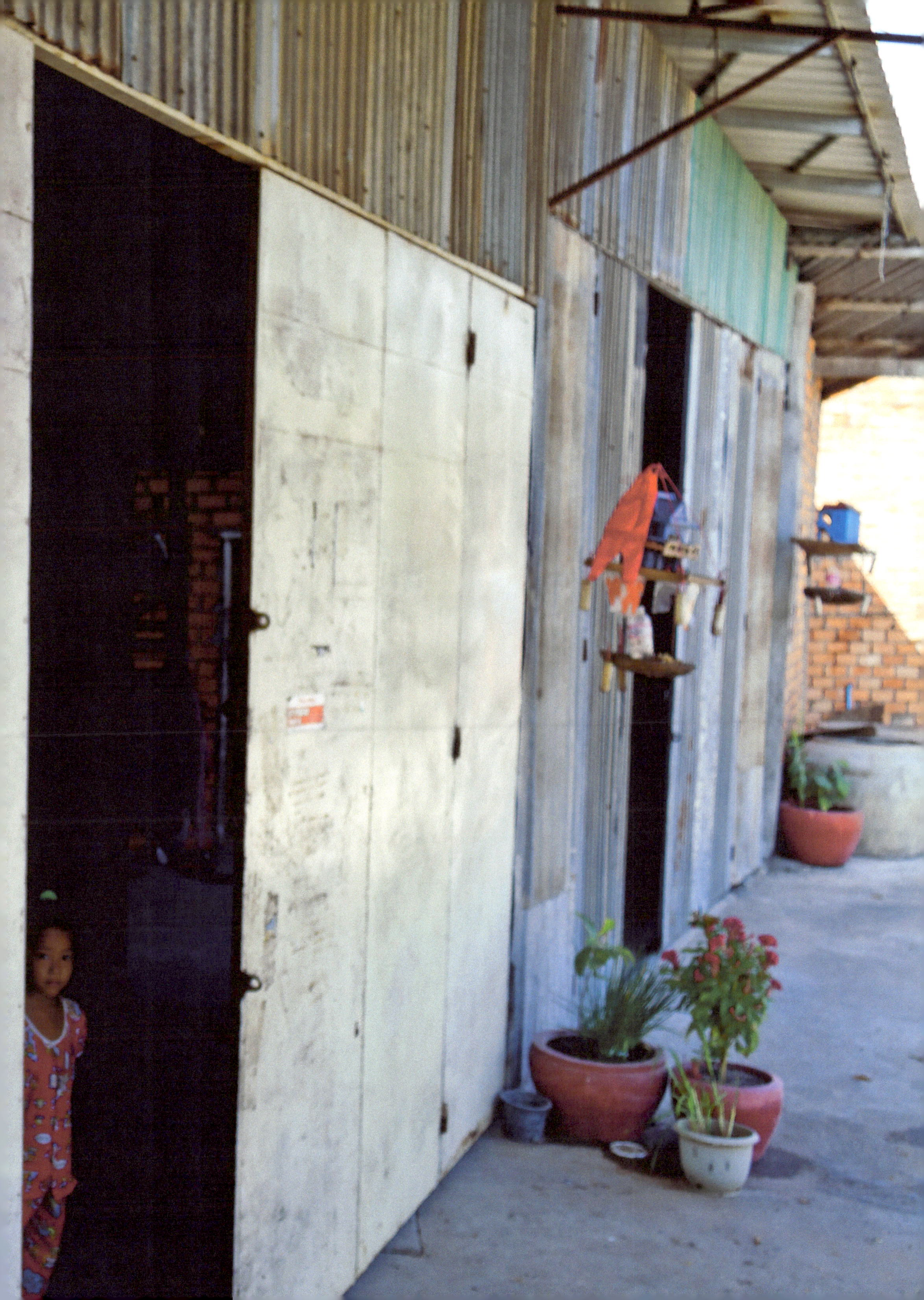

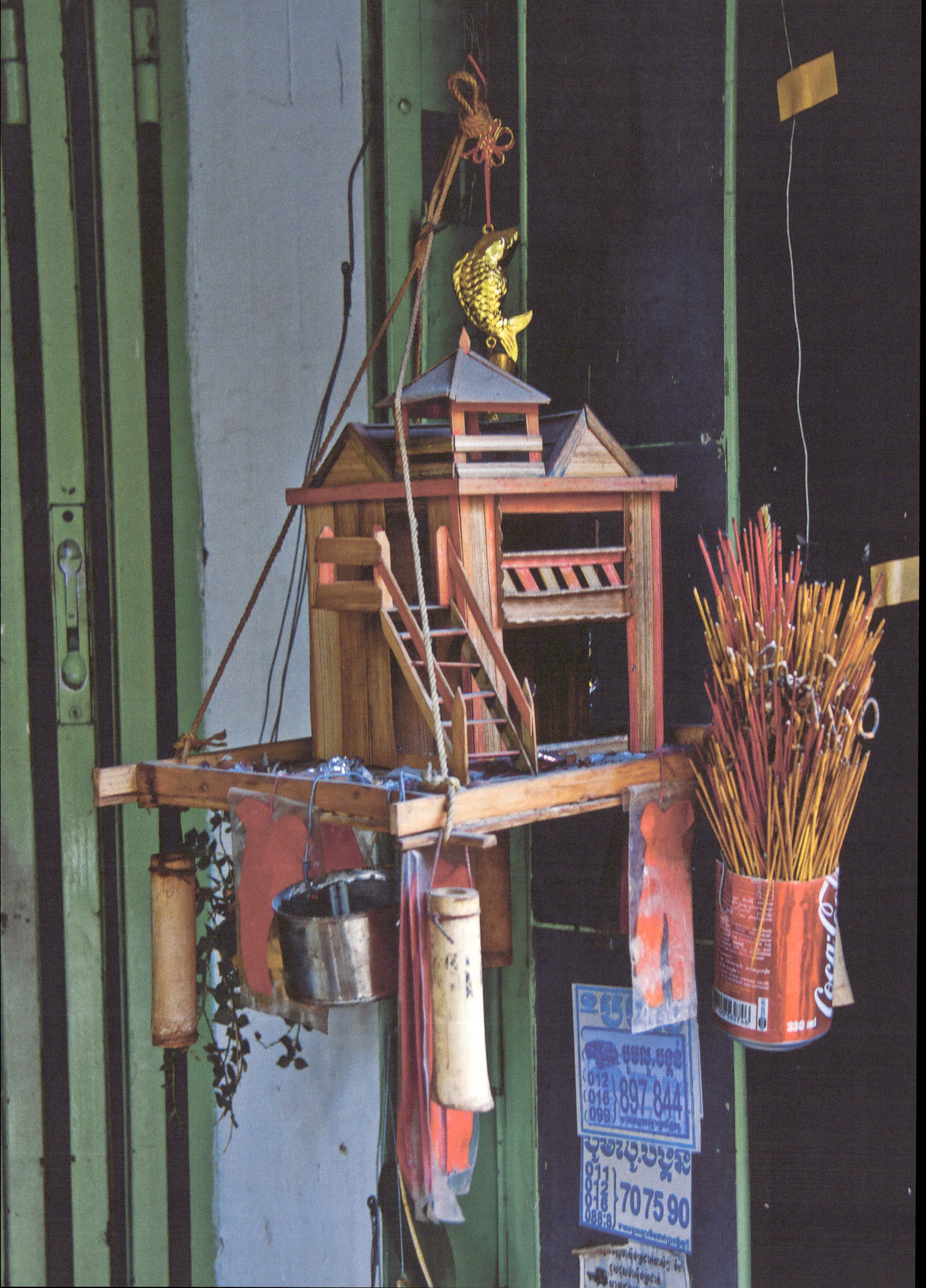

Coca-Cola
330 ml
012
016
099 ) 897 844
011
016
088-8 ) 70 75 90

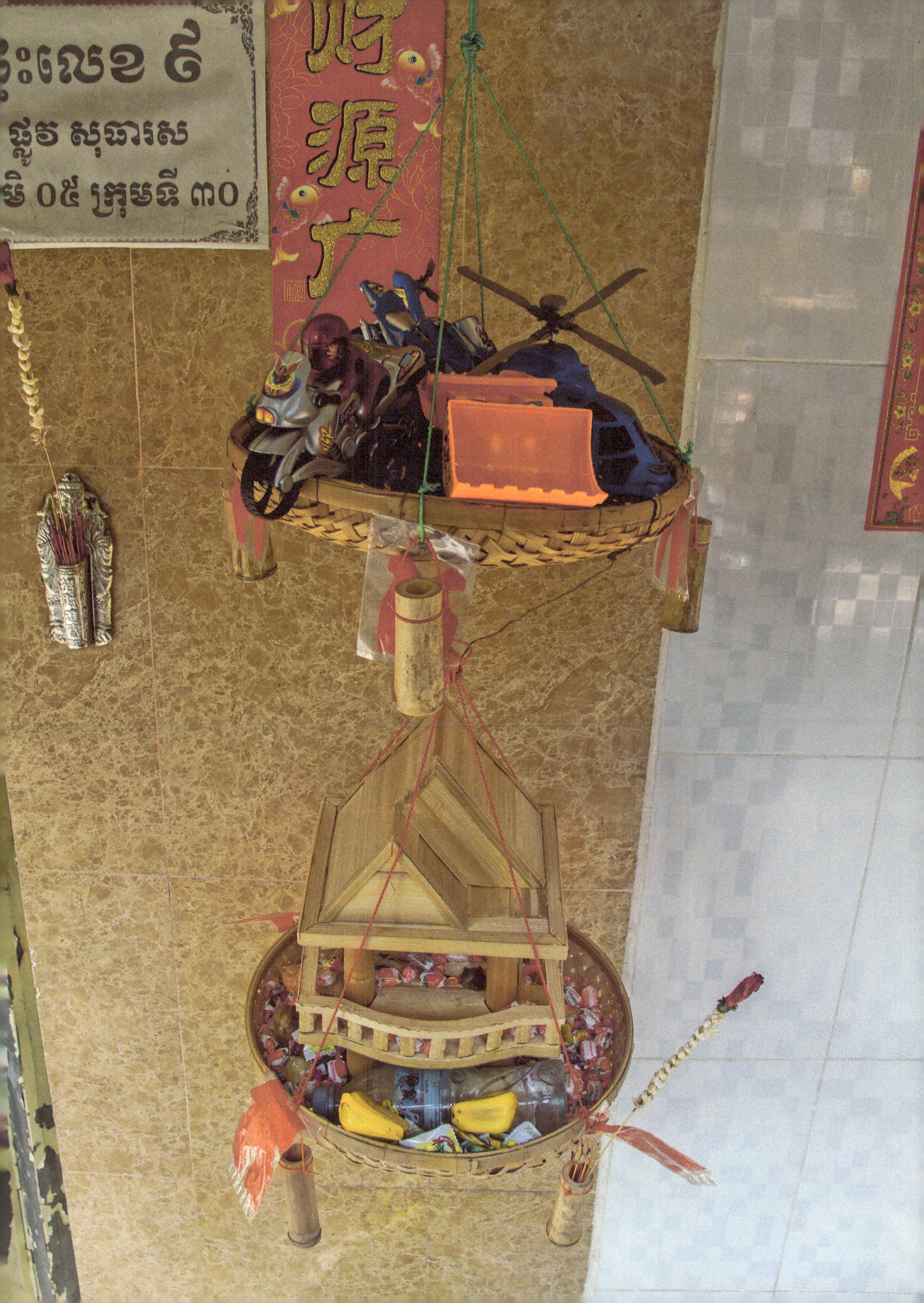

៖លេខ ៩
ផ្លូវ សុធារស
មិ ០៥ ក្រុមទី ៣០
財源广

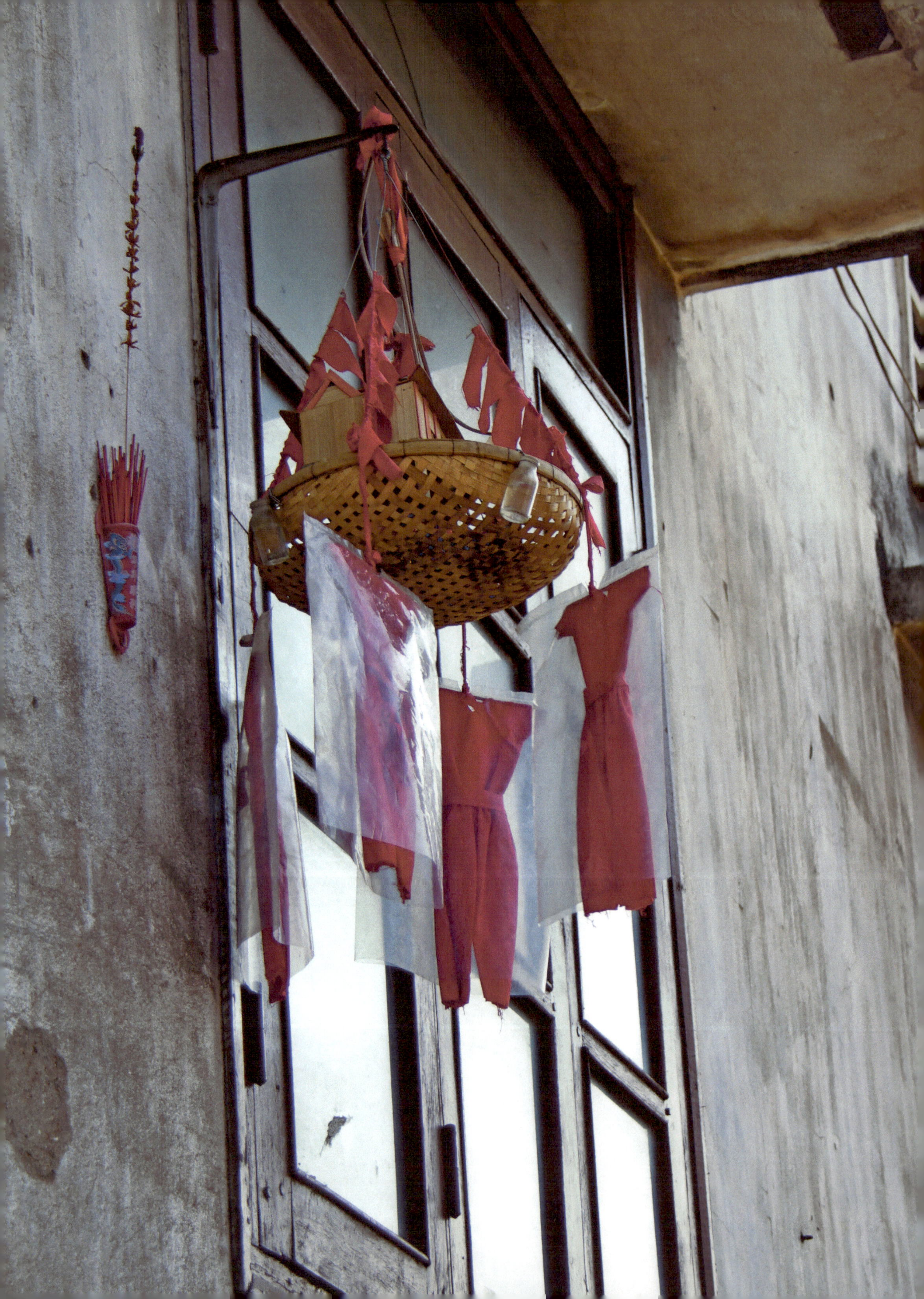

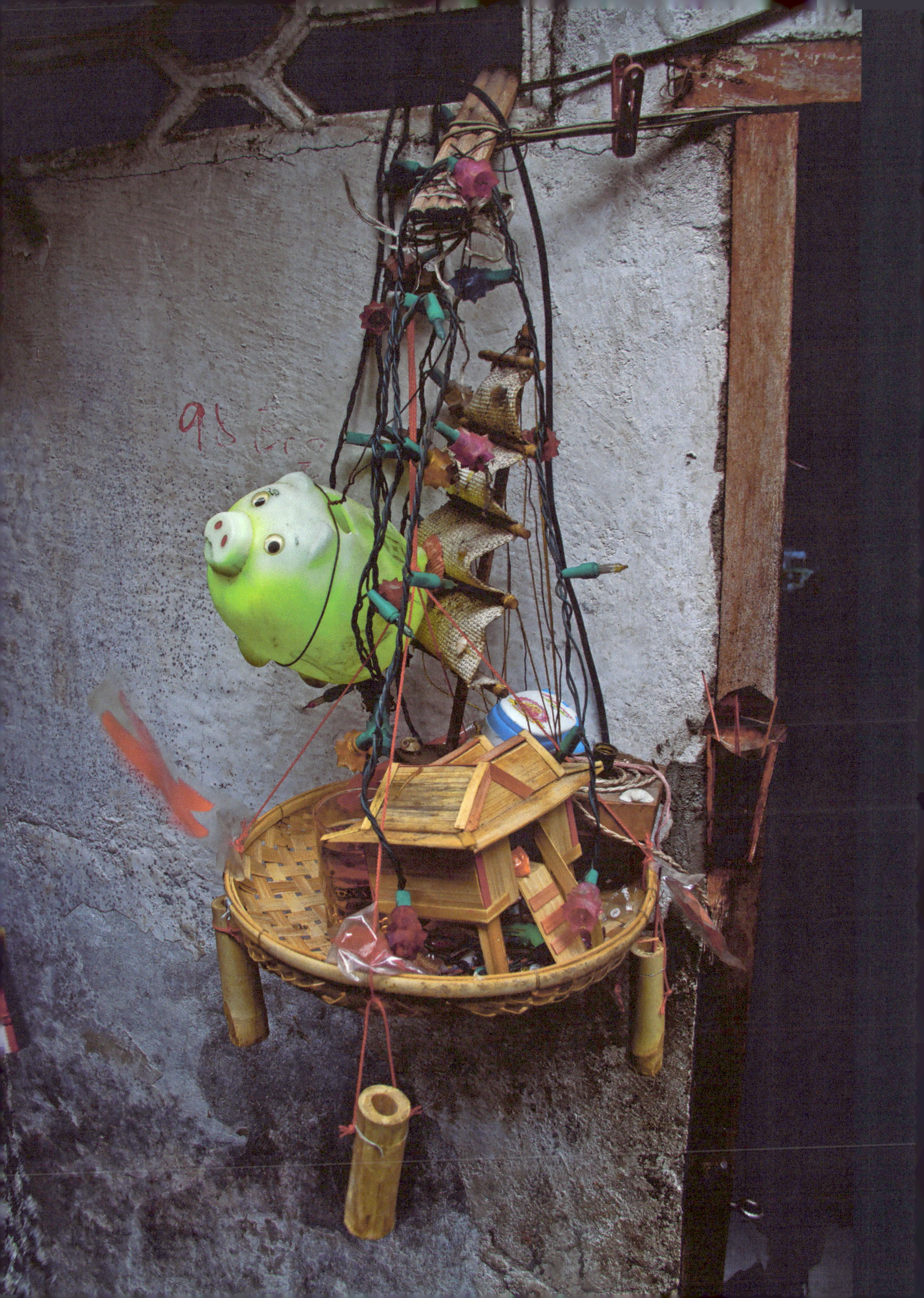

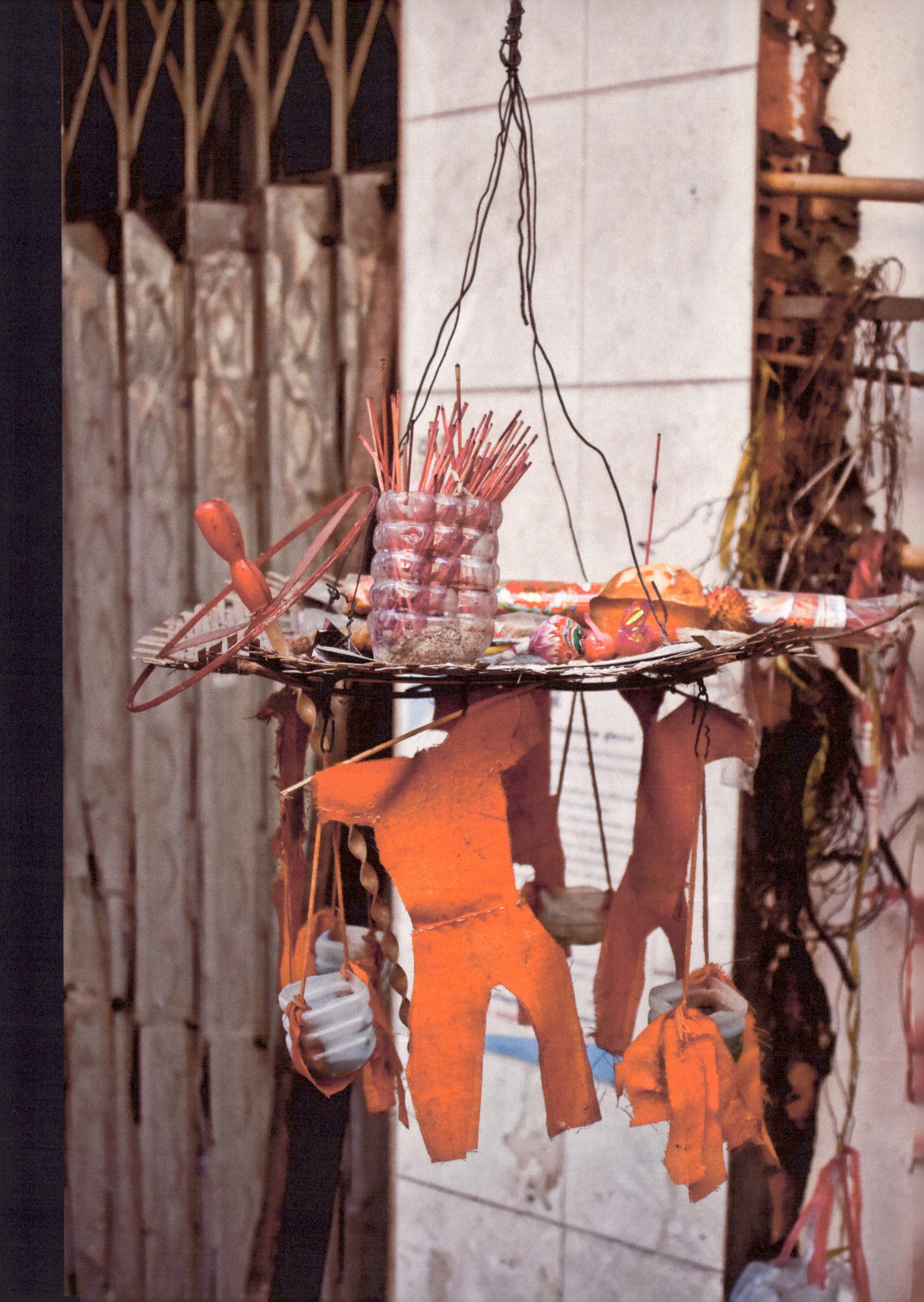

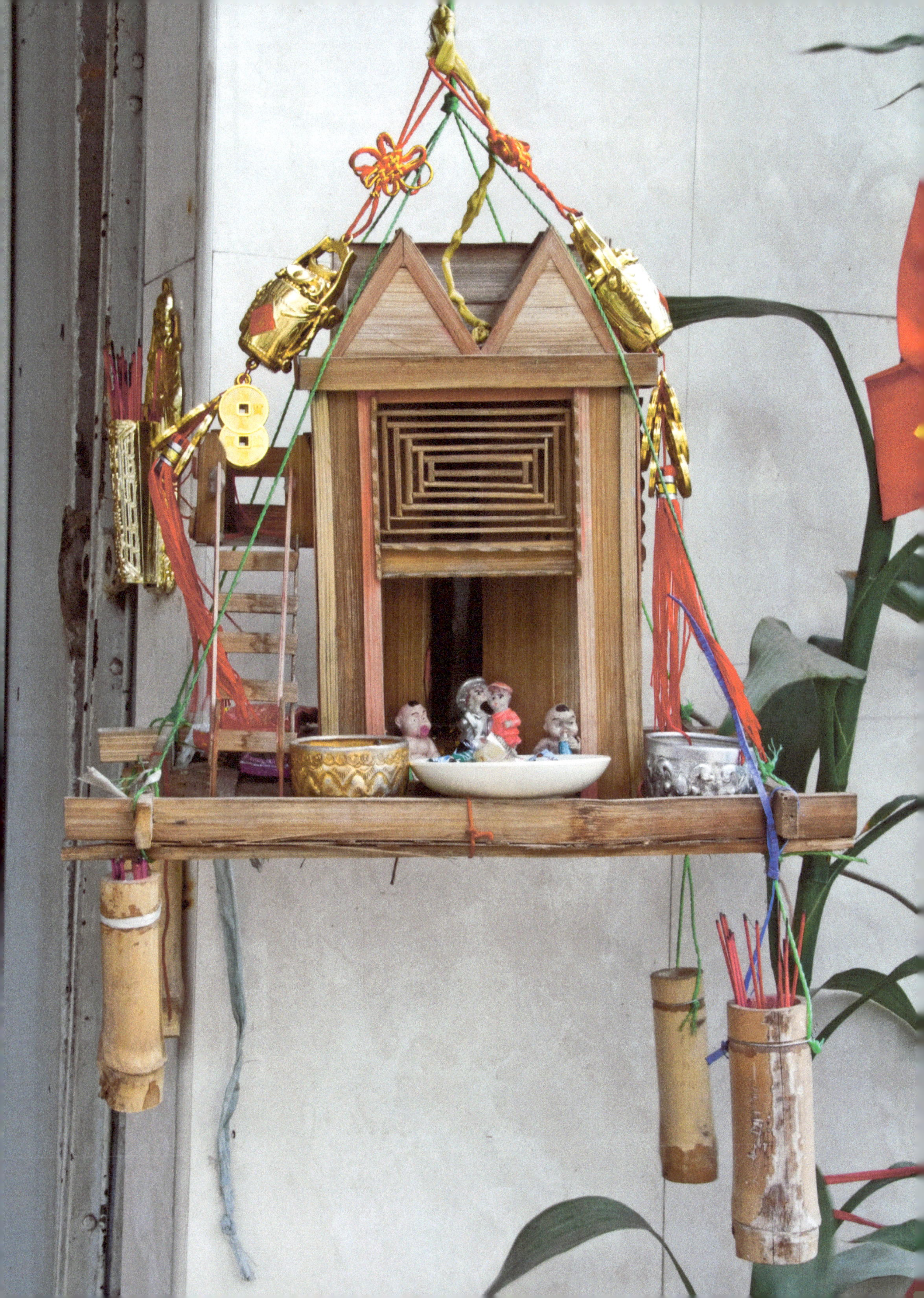

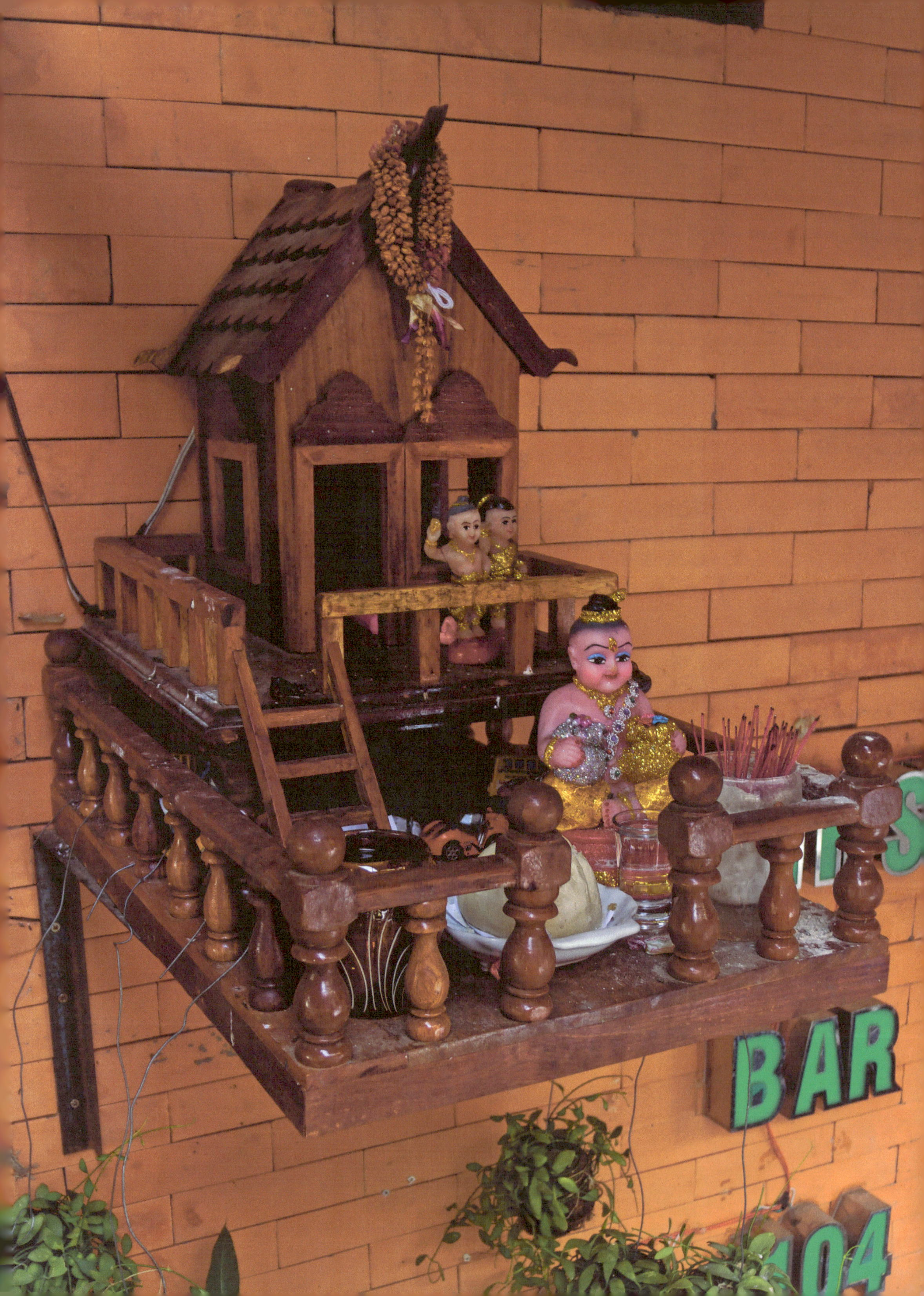

BAR
104

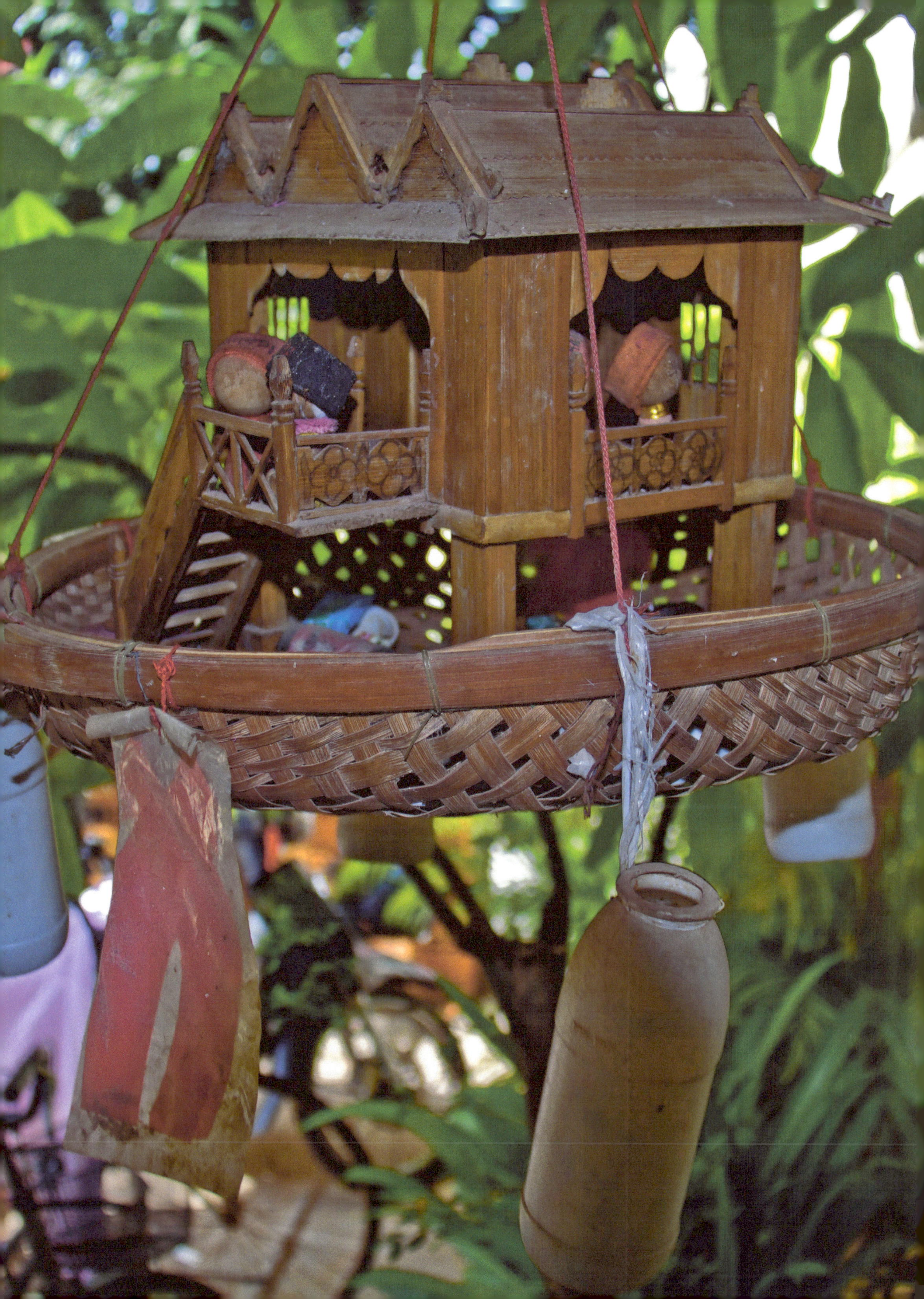

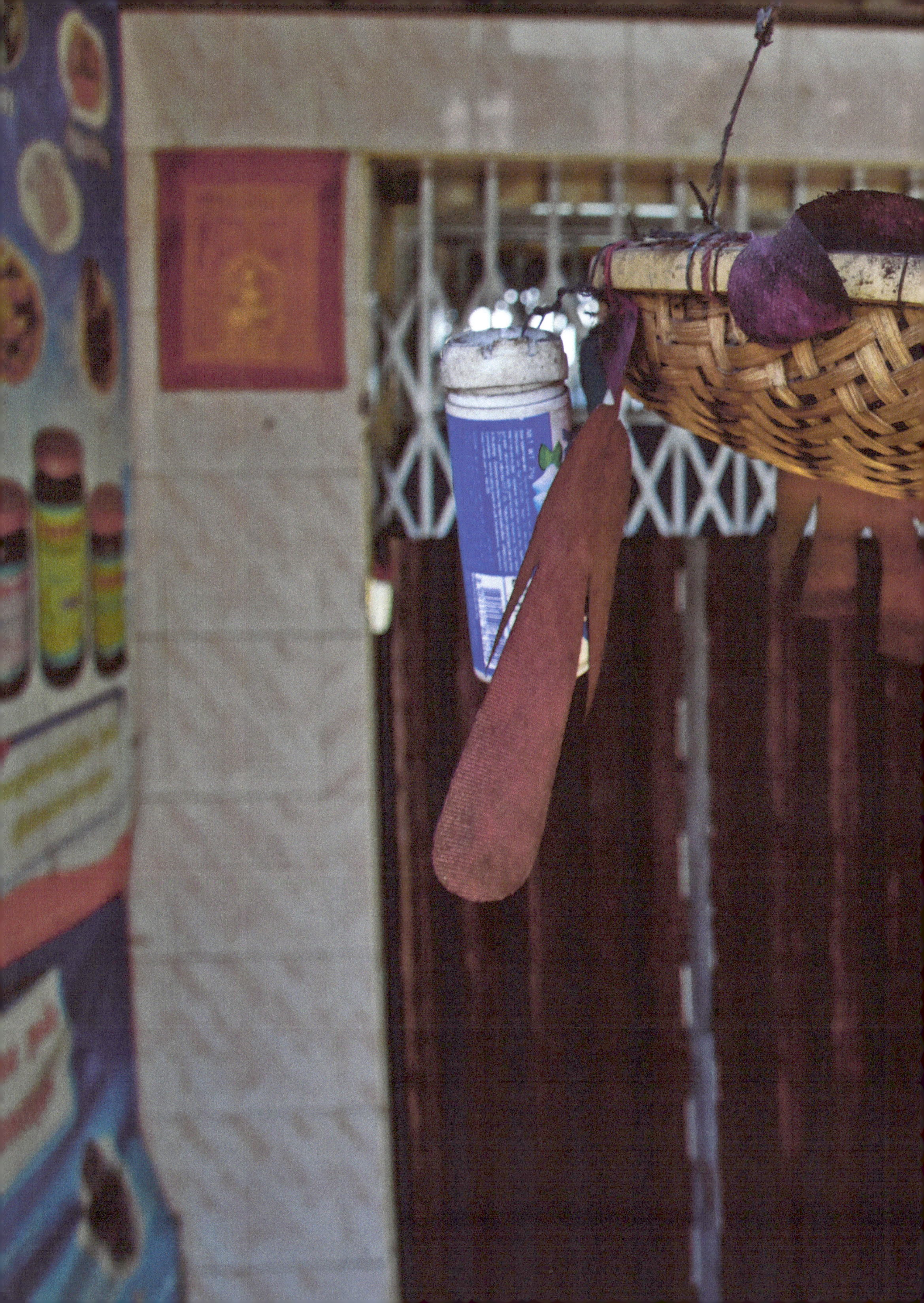

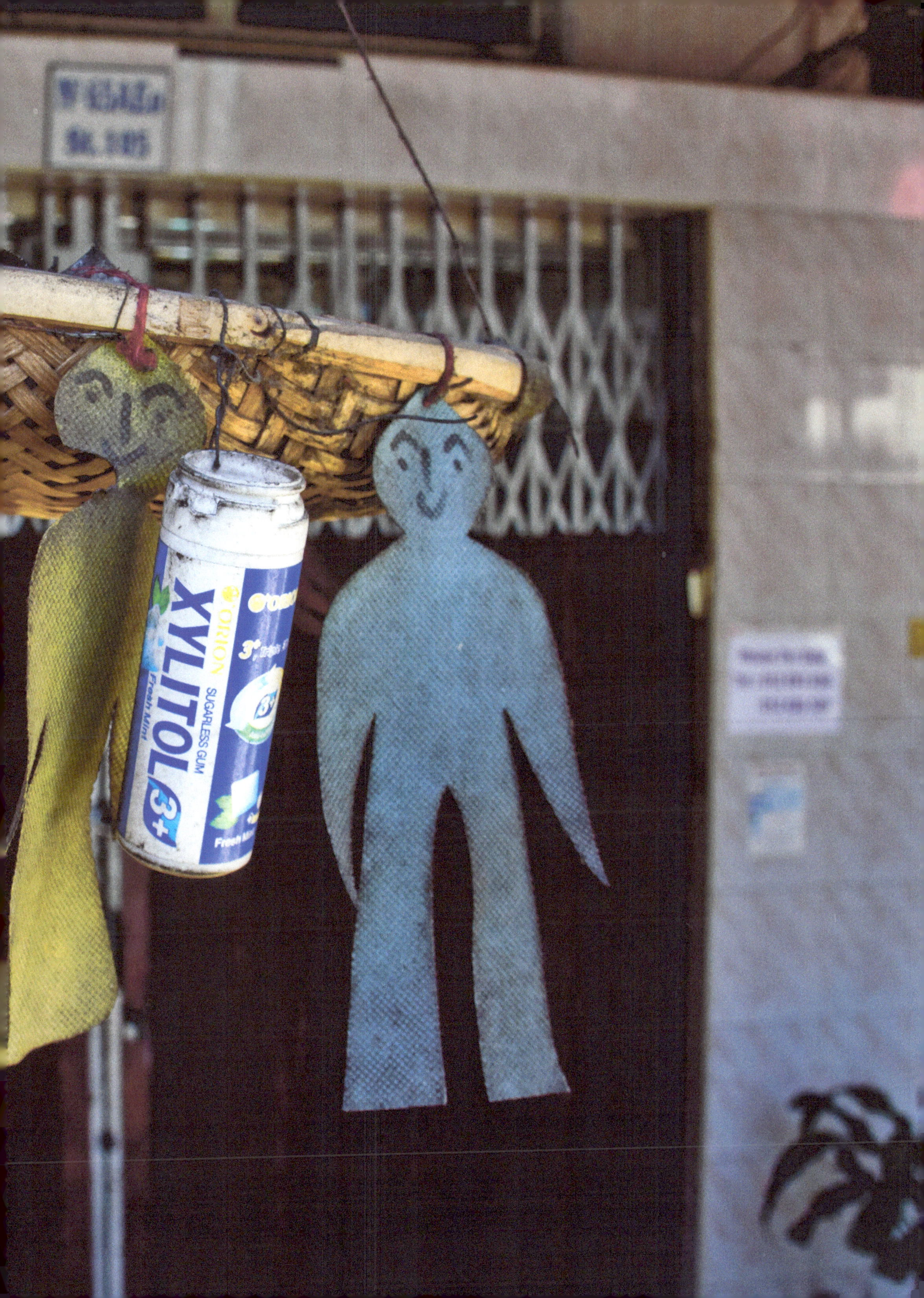

ORION
XYLITOL 3+
SUGARLESS GUM
Fresh Mint
3+
Fresh Mint

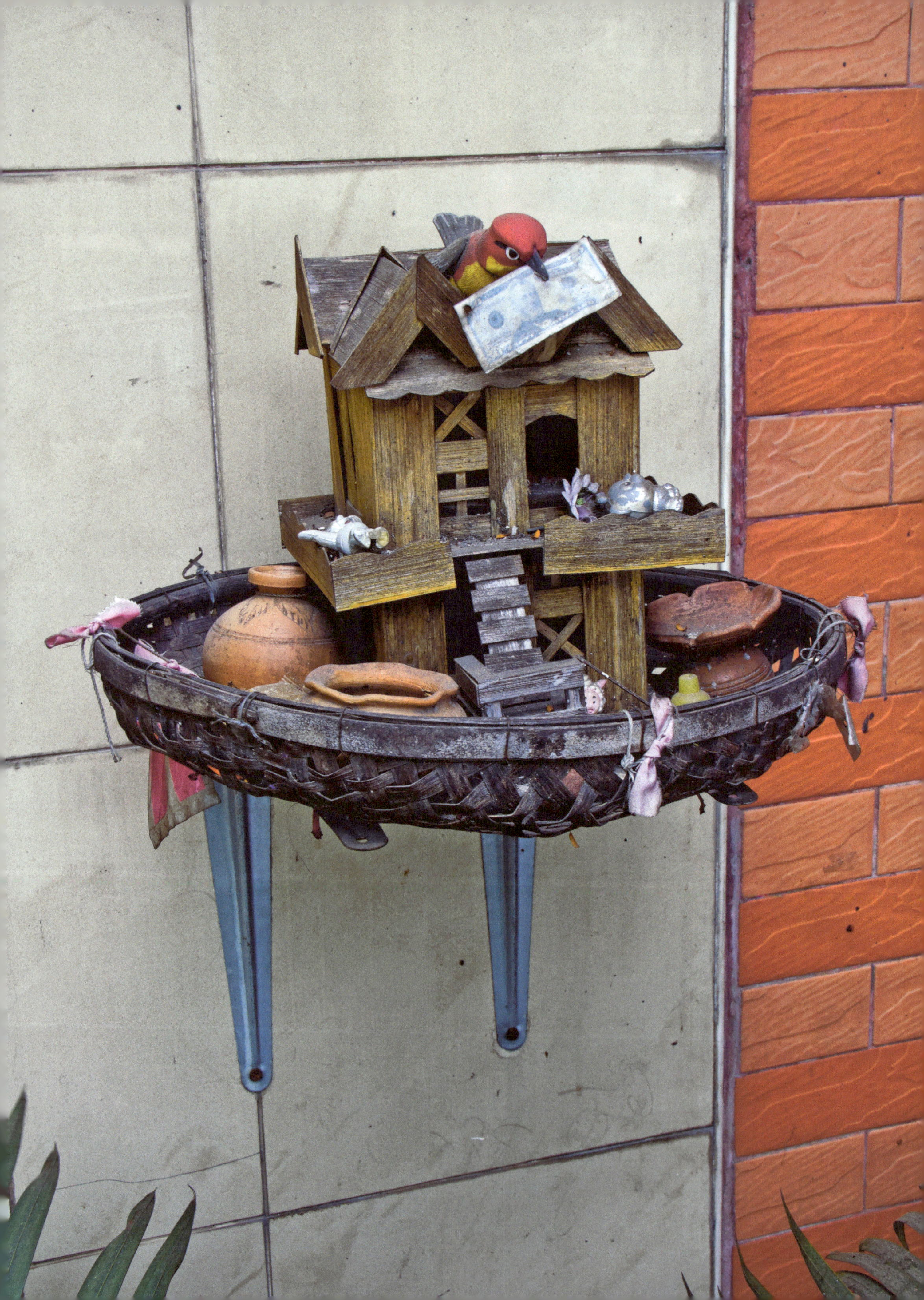

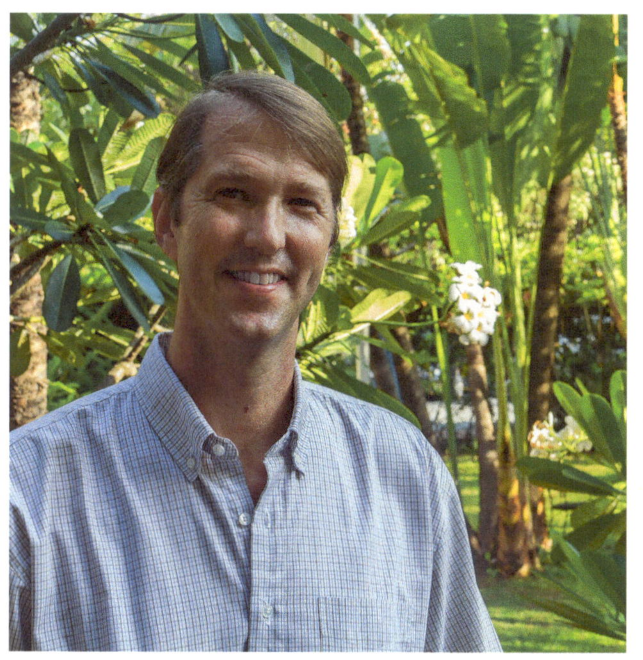

## About the Author

Keith Kelly was born and raised in Slidell, Louisiana, just across the Pontchartrain from New Orleans. Since childhood he has always held a fascination with the supernatural. Probably encouraged by growing up with the folklore of spirits and ghosts, Loup Garou (a Cajun werewolf a.k.a. Rougarou), swamp monsters, and a touch of Voo Doo mixed in. While learning about the culture and customs of Cambodia, his adopted home of 10 years, he was especially fascinated by their folklore. This book started as a personal project, but after 5 years of collecting photos and stories it became something bigger.

Keith formerly worked in the fast-paced world of advertising at agencies in both New Orleans, LA, and Herndon, VA (Metropolitan D.C. area), where he worked on highly successful tourism campaigns for both states. He currently works as a Freelance Art Director and Graphic Designer, and remains an avid dabbler in Photography and Illustration.

At the time of publication Keith and his family are in a transitional move back stateside to New York City, while looking forward to visiting a new country or two along the way.

# Mentions of the Mrenh Gongveal

Title . . . . . . . . . . . . . . . . Calling the souls: a Cambodian ritual text
Author . . . . . . . . . . . . . . Ashley Thompson
Edition . . . . . . . . . . . . . . illustrated
Publisher . . . . . . . . . . . . Reyum, 2005
Original from . . . . . . . . the University of Michigan
Digitized . . . . . . . . . . . . 23 Jun 2009
ISBN . . . . . . . . . . . . . . . . 1588860744, 9781588860743
Length . . . . . . . . . . . . . . 169 pages

---

Title . . . . . . . . . . . . . . . . Les êtres surnaturels dans la religion populaire khmère
                                       Volume 1 of Bibliothèque khmère: Série B
                                       Volume 1 of Bibliothèque khmère: Travaux et recherches
Author . . . . . . . . . . . . . . Qāmn Jūlān
Publisher . . . . . . . . . . . . Cedorek, 1986
ISBN . . . . . . . . . . . . . . . . 2867310288, 9782867310287
Length . . . . . . . . . . . . . . 349 pages

---

Title . . . . . . . . . . . . . . . . Bamboo and rattan: traditional uses and beliefs
                                       Images of Asia
Author . . . . . . . . . . . . . . Jacqueline M. Piper
Edition . . . . . . . . . . . . . . illustrated
Publisher . . . . . . . . . . . . Oxford University Press, 1992
Original from . . . . . . . . Indiana University
Digitized . . . . . . . . . . . . 19 Aug 2009
ISBN . . . . . . . . . . . . . . . . 0195889983, 9780195889987
Length . . . . . . . . . . . . . . 88 pages

---

Title . . . . . . . . . . . . . . . . Dictionnaire cambodgien, Tome 1
                                       K.M.
                                       Cinquieme Edition
                                       Dictionnaire cambodgien, Buddhasāsanapandity
                                       (Institute : Phnom Penh, Cambodia)
Author . . . . . . . . . . . . . . Buddhasāsanapandity (Institute : Phnom Penh, Cambodia)
Edition . . . . . . . . . . . . . . 4
Publisher . . . . . . . . . . . . Éditions de l'Institut bouddhique, 1967

---

Title . . . . . . . . . . . . . . . . Le roman source d'inspiration de la peinture khmère à la fin du
                                       XIXe et au début du XXe siècle: l'Histoire de Preah Chinavong
                                       et son illustration dans la (sālā) de Vat Kieng Svay Krau, Volume 1
Author . . . . . . . . . . . . . . Michel Jacq-Hergoualc'h
Publisher . . . . . . . . . . . . École française d'Extrême-Orient, 1982
Original from . . . . . . . . the University of Michigan
Digitized . . . . . . . . . . . . 25 Jan 2008
ISBN . . . . . . . . . . . . . . . . 2855397340, 9782855397344
Length . . . . . . . . . . . . . . 313 pages

*Unfortunately after several trips and questioning of the monks I was unable to find these murals. We finally did find out that the building was taken down to be replaced with a new more modern building. Of the 13 panels they still had and we were able to view, none unfortunately were the panels depicting Mrenh Gongveal (Mrén Kongvial).*

---

Title . . . . . . . . . . . . . . . . The Iowa Review, Vol. 25, No. 3 [Paperback]
                                       *The Elves Conceal My Buffalo and My Son*
                                       *Phtdowl Concentration Camp, June 1977*
Author . . . . . . . . . . . . . . U. Sam Oeur and Ken McCullough
Publisher . . . . . . . . . . . . University of Iowa (Fall, 1995)
Original from . . . . . . . . http://www.jstor.org/stable/20153691
ASIN . . . . . . . . . . . . . . . . B0041PEVQY
Length . . . . . . . . . . . . . . 180 pages

---

Title . . . . . . . . . . . . . . . . Nasty Girl
Author . . . . . . . . . . . . . . Pich Proeun
Publisher . . . . . . . . . . . . Domrei Sor, 2007
ISBN-13 . . . . . . . . . . . . . 9789995083854
Length . . . . . . . . . . . . . . 31 pages

Title . . . . . . . . . . . . . . . . Le culte des génies protecteurs au Cambodge: analyse et traduction d'un
corpus de textes sur les neak ta
Author . . . . . . . . . . . . . . Alain Forest
Publisher . . . . . . . . . . . . L'Harmattan, 1992
Original from . . . . . . . . the University of Virginia
Digitized . . . . . . . . . . . . 5 Jul 2007
ISBN . . . . . . . . . . . . . . . . 273841317X, 9782738413178
Length . . . . . . . . . . . . . . 254 pages